Mirko Tamm

# Messung kaufmännischer Handlungskompetenz in der beruflichen Bildung

## Klassifikation und kritische Analyse ausgewählter Testverfahren

**Tamm, Mirko: Messung kaufmännischer Handlungskompetenz in der beruflichen Bildung: Klassifikation und kritische Analyse ausgewählter Testverfahren, Hamburg, Igel Verlag RWS 2014**

Buch-ISBN: 978-3-95485-226-0
PDF-eBook-ISBN: 978-3-95485-726-5
Druck/Herstellung: Igel Verlag RWS, Hamburg, 2014

**Bibliografische Information der Deutschen Nationalbibliothek:**
Die Deutsche Nationalbibliothek verzeichnet diese Publikation in der Deutschen Nationalbibliografie; detaillierte bibliografische Daten sind im Internet über http://dnb.d-nb.de abrufbar.

© Igel Verlag RWS, Imprint der Diplomica Verlag GmbH
Hermannstal 119k, 22119 Hamburg
http://www.diplomica.de, Hamburg 2014
Printed in Germany

# Inhaltsverzeichnis

# 1 Einleitung und Beschreibung des Forschungsgegenstandes

„Der Diagnostik von Kompetenzen kommt eine Schlüsselrolle für die Optimierung von Bildungsprozessen und für die Weiterentwicklung des Bildungswesens zu" (Hartig/Jude 2007, S. 17). Ihre Bedeutung erschließt sich im beruflichen Bereich unter anderem aus dem Kontext der aktuellen Debatte um die Anerkennung von beruflichen Abschlüssen, die Gewinnung von Steuerungsinformationen für Akteure des Bildungssystems und den Leistungsvergleich im internationalen Kontext (vgl. Seeber et al. 2010, S. 8).

Mit der Entscheidung berufliche Handlungskompetenz als zentrales Leitprinzip der beruflichen Bildung zu implementieren (vgl. KMK 2007, S. 10), verbindet sich auch der Anspruch an die Erfassung der Outputkomponente der damit initiierten Gestaltung der Ordnungsmittel und Lehr- Lernarrangements in Form valider, reliabler und objektiver Assessment-Verfahren.

Die vorliegende Arbeit konzentriert ihre Bestrebungen dabei auf den Bereich kaufmännischer Berufsausbildungen und leitet eine mögliche Arbeitsdefinition kaufmännischer Handlungskompetenz aus theoretischen Modellen und aktuellen Forschungsbefunden her. Bei der Begutachtung der Möglichkeit der Messung dieses Konstrukts werden vier Messverfahren analysiert und klassifiziert. Die Auswahl der Verfahren erfolgte dabei unter Bezugnahme auf den deutschsprachigen Raum und die Nähe zur Zielsetzung der Erfassung kaufmännischer bzw. ökonomischer Kompetenzen, sowie in Anbetracht der Bekanntheit und Verfügbarkeit publizierter Forschungsergebnisse[1]. Folgende Tests werden betrachtet:

- Wirtschaftskundlicher Bildungstest
- Ökonomische Kompetenzen von Maturandinnen und Maturanden
- Untersuchung von Leistungen, Motivation und Einstellungen
- Kaufmännische Kompetenz in Ausbildungsgängen des Dualen Systems

---

[1] In diesem Zusammenhang bedankt sich der Autor dieser Arbeit bei Prof. Dr. Beck für die Übermittlung eines unveröffentlichten Berichts der Deutschen Forschungsgemeinschaft (DFG) zum wirtschaftskundlichen Bildungstest (vgl. Beck 1993) und Prof. Dr. Schumann für das Übermitteln einer im Druck befindlichen Publikation zum Projekt OEKOMA (vgl. Schumann im Druck).

Um ein systematisches Vorgehen bei der Prüfung dieser Testverfahren zu realisieren, wird ein Untersuchungsraster hergeleitet. Der Forschungsgegenstand bestimmt sich dabei durch nachfolgende Leitfragen:

1. Welchen Beitrag leisten die Verfahren der Messung des aufgestellten Konstrukts kaufmännischer Handlungskompetenz?
2. Was kennzeichnet die Vorgehensweise der Konzeption des jeweiligen Testverfahrens zur Realisierung empirisch gesicherter Ergebnisse?
3. Wie lassen sich die Verfahren bezüglich ihrer Einsatzmöglichkeiten klassifizieren?

Der Gang der Untersuchung wird dabei durch ein weiteres Kapitel mit einleitendem Charakter initiiert, welches die determinierenden Systemfaktoren und bildungspolitisch relevanten Entscheidungen skizziert. Diese geben der Messung beruflicher Handlungskompetenzen die übergeordneten Bestimmungsprinzipien. Das dritte Kapitel gibt zunächst eine zusammenfassende Darstellung der terminologischen Abgrenzungen von Kompetenz und deren Modellierungsmöglichkeiten, bevor die bereits erwähnte Ableitung einer Arbeitsdefinition kaufmännischer Handlungskompetenz erfolgt. Um die Analyse der Verfahren konsistent und regelgeleitet durchführen zu können, wird im vierten Kapitel eingangs ein Untersuchungsraster konstruiert und in der Folge Verfahrensweisen bei der theoretisch begründeten Modellbildung und Messinstrumentekonstruktion  erläutert. Im fünften Kapitel erfolgt die Analyse der Verfahren auf Basis des Untersuchungsrasters. Das sechste Kapitel stellt zusammenfassend die Stärken und Schwächen der einzelnen Testverfahren heraus und klassifiziert diese anhand möglicher Einsatzgebiete. Im Rahmen des abschließenden Fazits werden die Forschungsergebnisse reflektiert und Implikationen für zukünftig zu entwickelnde Messverfahren aufgezeigt.

Die nachfolgenden Abschnitte widmen sich zunächst der Erörterung des Begründungshintergrundes der Kompetenzmessung im Allgemeinen und der Erfassung kaufmännischer Handlungskompetenzen im Speziellen.

# 2 Bedeutungsrahmen der Messung kaufmännischer Handlungskompetenzen

Bildung hat in den vergangenen Jahrzehnten eine Überarbeitung ihrer Zielsetzung und Funktion erfahren. Sie soll in einer komplexen, informationslastigen und hochgradig dynamischen Umwelt nachhaltig agierende, reflektierende und gesellschaftsfähige Bürger schaffen. Bei Schüler(inne)n und Auszubildenden stilisiert sie sich zum persönlichen Gut. Dieses gilt es im Kontext durchlässiger Bildungssysteme, variabler Berufsbilder und unterschiedlicher Beschäftigungstätigkeiten im Laufe eines Erwerbslebens bei entsprechenden Institutionen nachzuweisen.

Das Bildungssystem ist momentan in einem Stadium der Anpassung. Unter dem Primat eines neuen Bildungsverständnisses kommt es zu Umgestaltung und Neuanordnung von Zielsystemen, Instrumenten, Akteuren und Institutionen. Damit verbunden ist die Erfassung von Leistungen, um im komparativen bzw. kriterialen Maßstab systemisch-objektive und auch individuell-subjektive Anpassungen vorzunehmen und Bildung bilanzierbar zu machen.

Die folgenden Ausführungen sollen das funktionale Fundament dieser allgemeinen Entwicklung darstellen und mit Blick auf den kaufmännisch-beruflichen Bereich die Notwendigkeiten, Besonderheiten und Herausforderungen einer solchen Leistungserfassung umreißen.

## 2.1 Bedingungskontext bildungspolitischer Entscheidungen

Die Reformprozesse im Bildungswesen sind Resultat umfassender wirtschaftlicher, technologischer und gesellschaftlicher Transformationen (vgl. Edelmann/Tippelt 2008, S. 129). Internationalisierung, Globalisierung und Wissensorientierung stellen Megatrends unserer Zeit dar und generieren soziale und ökonomische Umbrüche (vgl. Achtenhagen/Winther 2011, S. 352). Arbeit und Beruf begegnen diesen Faktoren mit einer erhöhten inhaltlichen, räumlichen und kommunikativen Flexibilität – dabei entstehen neue Beschäftigungsstrukturen und Formen der Arbeitsorganisation. Klassische Produktionsfaktoren werden zunehmend durch intellektuelles Kapital substituiert (vgl. Edelmann/Tippelt 2008, S. 129f.; Reetz 1999, S. 37).

Auch die erhöhte Komplexität der Bewältigung privater Lebenssituationen verortet sich im Begründungskontext der aktuellen Reformbestrebungen. Individualisierung[2], bei erhöhten Freiheitsgraden zur Verwaltung einkommenssichernder Maßnahmen wie Kranken- und Rentenversicherung machen es notwendig, dass die Bevölkerung befähigt wird, ökonomische Problemstellungen selbstbestimmend, kommunikativ und organisatorisch zu lösen[3]. Nicht zuletzt die Banken- und Finanzkrise hat in diesem Zusammenhang die öffentliche Diskussion um die Erziehung von mündigen Wirtschafts- und Gesellschaftsbürgern entfacht, welche in der Lage sind grundsätzlich und alltagsrelevante ökonomische Sachverhalte zu durchdringen und darauf basierende Entscheidungen zu fällen (vgl. Schumann et al. 2010, S. 2f.). Ein erfolgreicher Übergang von Bildung in Beruf verlangt entsprechend nach flexiblen Individuen mit der Fähigkeit der eigenverantwortlichen Wissensaneignung und –anwendung.

Institutionalisierte Bildung begegnet diesen Kontextbedingungen durch ein verändertes Zielgefüge bzw. Selbstverständnis (vgl. Gudjons 2008, S. 196ff.):

- Zusammenführung von Berufs- und Allgemeinbildung
- Vorbereitung auf Komplexitätszuwachs im Arbeitsleben
- Befähigung zu selbstbestimmtem und sozialverantwortlichem Handeln
- Einführung in die gesellschaftlichen Werte, Normen und Regeln sowie deren kritische und reflexive Bewertung

Diese normative Neubestimmung der Bildung hatte auch Auswirkungen auf die berufliche Bildung, insbesondere durch die Konzeption eines neuen Steuerungssystems und veränderter didaktischer und inhaltlicher Vorgaben.

## 2.2 Paradigmenwechsel in der Steuerung des Bildungssystems

Insbesondere der internationale Vergleich des deutschen Bildungssystems auf Grundlage von PISA[4] nährte die Zweifel an der bisherigen Inputsteuerung (vgl. Klieme et al. 2003, S. 11f.; Sloane 2007, S. 23). Es entwickelte sich die Konzeption

---

[2] Diese drückt sich beispielsweise im deutlichen Anstieg an Singlehaushalten aus.
[3] Das erhöhte Risiko der Altersarmut zeigt hierbei die Reichweite dieser Entscheidungen auf.
[4] 1997 hatten die TIMSS-Resultate bereits erste Erschütterungen verursacht, PISA führte dann zur Bestätigung der Befürchtungen und ein Umbruch der Gestaltung der deutschen Bildungslandschaft (vgl. KMK/IQB 2006, S.5).

eines Bildungsmonitorings, bei welchem die Input-Output (bzw. Outcome)-Prozesskette nicht normativ-formal über zentral beschlossene Inputs gestaltet wird, sondern durch ein System der Rechenschaftslegung auf vorab festgelegte Output-Standards abzielt. Die evidenzbasierte Steuerungslogik erfolgt dabei nicht monodirektional top-down, sondern führt zu einer veränderten Arbeits- und Entscheidungsorganisation im Rahmen interinstitutioneller Aushandlungsprozesse[5] (vgl. Halbheer/Reusser 2008, S. 257; van Buer 2007, S. 496ff.).

Klare Zielvorgaben (Bildungsstandards), eine erhöhte Flexibilität zur Bewältigung des Bildungsauftrags im individuellen Kontext und Rechenschaftspflicht einzelschulischen Handelns bilden somit die zentralen Strategien des Bildungsmonitoring (vgl. Zlatkin-Troitschanskaia 2007, S. 67).

Durch die Herleitung von Standards aus den allgemeinen Bildungszielen (siehe Kapitel 2.1.) sollen Leistungsfestlegungen formuliert werden, die nationale Gültigkeit besitzen und zugleich im jeweiligen regionalen und institutionenspezifischen Kontext verfolgt werden können. Leistungsvergleichstests dienen dabei der Generierung von Steuerungswissen, sowohl im Rahmen des nationalen Gesamtsystems als auch als Basis individueller und einzelinstitutioneller Entscheidungen[6].

Im Bereich der Allgemeinbildung ist die Entwicklung solcher Standards bereits fortgeschritten[7], ein Transfer auf den beruflichen Bildungsbereich jedoch durch andersgeartete Zielsetzungen und institutionelle Rahmenbedingungen erschwert.

---

[5] Neben der Vorgabe entsprechender Bildungsstandards als Lernergebnisse im Sinne der Outputorientierung, werden zudem umfassende Bestrebungen betrieben, Lehr- und Lernprozesse sowie institutionelle Elemente über Qualitätsmanagementinstrumente (Schulprogramme, Evaluationen, Schulinspektionen, Qualitätsstandards etc.) zu verbessern (vgl. Wagner/Rückmann/van Buer 2011, S. 104ff.). Diese dienen meist systemebenenübergreifend als Steuerungs- und Informationskom-ponenten.

[6] Zur Mehrebigkeit des Handlungsgefüges siehe van Buer 2007, S. 497ff.

[7] So wurden nach dem Primarbereich, dem Hauptschul- und Mittleren Schulabschluss 2012 abschlussbezogene Regelstandards für die Allgemeine Hochschulreife in den zentralen Fächern verabschiedet (vgl. KMK 2012).

## 2.3 Handlungsorientierung und Lernfeldansatz als didaktisch-curriculare Leitideen der beruflichen Bildung

Die veränderten gesellschaftlichen Verhältnisse und das allgemeine emanzipatorische Bildungsverständnis (siehe Kapitel 2.1.) schlagen sich auch in der Formulierung des Bildungsauftrags[8] der Berufsschule nieder:

„Die Berufsschule vermittelt eine berufliche Grund- und Fachbildung und erweitert die vorher erworbene allgemeine Bildung. Damit will sie zur Erfüllung der Aufgaben im Beruf sowie zur Mitgestaltung der Arbeitswelt und Gesellschaft in sozialer und ökologischer Verantwortung befähigen" (KMK 1991, S. 2).

Die KMK stellt damit nicht ausschließlich das Erlernen allgemeinbildenden Theoriewissens bzw. die Fähigkeit zur Ausführung berufsspezifischer Arbeitshandlungen in den Mittelpunkt der Lehr-Lernaktivitäten, sondern vielmehr den Erwerb beruflicher Tüchtigkeit und individueller Mündigkeit (vgl. Breuer 2005, S. 11; Klieme/Hartig 2007, S. 23). Handlungskompetenz wird als Globalziel berufsbildender Bestrebungen verstanden. Sie drückt sich in der Bereitschaft und Befähigung aus, sich in beruflichen, privaten und gesellschaftlichen Situationen eigen- und sozialverantwortlich sachgerecht denkend zu verhalten (vgl. KMK 2007, S. 10).

Die Ausgestaltung des Lehr-Lernprozesses erfolgt hierbei nicht mehr mit fachwissenschaftlich-theoriegeleiteter Fokussierung sondern manifestiert sich in der Nutzung des Bildungspotentials der realen Arbeitswelt und den in ihr verorteten Aufgaben. Dies äußert sich in „komplexeren, subjekt- und arbeitsorientierten Lernkonzepten" (Berben 2008, S. 1), welche dem Grundsatz der Förderung beruflicher Handlungskompetenz folgen (vgl. ebenda, S. 6).

Die curriculare Rahmensetzung wird dabei bestimmt durch Lernfelder[9]. Deren Organisation richtet sich an betrieblichen Arbeits- bzw. Geschäftsprozessen[10] aus

---

[8] Dieser ist im Besonderen definiert durch Vorgaben des Berufsbildungsgesetzes (BBiG), die Formulierungen der KMK zu den Rahmenvereinbarungen für die Berufsschule (1991) sowie Handreichungen zur Erarbeitung curricularer Bestimmungen im berufsbezogenen Unterricht (1996) (vgl. Rauner 2008, S. 107ff.).

[9] Dies sind umschlossene Lerneinheiten, welche durch Ziele, Inhalte und Zeitrichtwerte näher spezifiziert werden (vgl. KMK 2007, S. 17).

[10] Beide Prozessarten dienen der Erreichung von Unternehmenszielen. Arbeitsprozesse beziehen sich auf die Herstellung eines konkreten Produkts und sind warenbezogen. Sie sind geprägt durch Arbeitsprozesswissen. Hingegen sind Geschäftsprozesse wertschöpfungsbezogen und richten sich stärker auf das Gesamtunternehmen (vgl. Rebmann/Schlömer 2009, S. 2f.; Tramm 2004, S. 136).

und soll handlungsorientiertes Lernen und Prüfen stimulieren. Durch anknüpfende didaktisch-curriculare Einzelentscheidungen der Berufsschulen, soll eine Individualisierung des Lernens und damit verbundene Diagnose- und Förderungsmöglichkeiten geschaffen werden (vgl. Berben 2008, S. 7; Gravert/Hüster 2001, S. 42ff.). Die Einbindung dieses Leitgedankens in ein Berufsbildungssystem, welches angeschlossen an die Allgemeinbildung mit ähnlichen Steuerungsmechanismen (siehe Kapitel 2.3.) funktioniert, muss auf Basis des Setzens und der Messung entsprechender Outputs vollzogen werden.

## 2.4 Notwendigkeit und Problematik der Messung beruflicher Kompetenzen

Die Komplexität und die bestehenden Normen des beruflichen Bildungsmodells erschweren die Bestrebungen zum Übergang auf outputorientierte Steuerungsinstrumente und damit einer Gleichschaltung mit der allgemeinen Bildung.[11] Die Implementierung eines solchen Governance-Systems macht es notwendig, die Zusammenhänge von Input- sowie Prozessvariablen und den resultierenden Ergebnissen und Wirkungen systematisch zu erfassen (vgl. Seeber et al. 2010, S. 8). Auch die Harmonisierung bzw. Transparenz von Berufsabschlüssen im europäischen Raum ist eng gebunden an eine outputorientierte Erfassung von Leistungen im Sinne empirisch abgesicherter Kompetenzmodelle[12] (vgl. ebenda, S. 5; Baethge et al. 2006, S. 9). Die Bedeutung der Messung von Kompetenzen erschließt sich dabei nicht nur aus der systemischen Ebene, sondern auch aus institutioneller und individueller Perspektive. Eine Übersicht der Anwendungsfelder der Kompetenzerfassung bietet Abbildung 1.

---

[11] Problematisch ist hierbei insbesondere die Überlagerung von Zuständigkeiten des Bundes und der Länder sowie die starke Fragmentierung des derzeitigen Input-Steuerungssystems (vgl. Rauner 2009, S. 155ff.).
[12] Die Diskussion zur Entwicklung eines europäischen Referenzsystems umfasst dabei insbesondere die Erarbeitung eines europäischen Qualifikationsrahmens (EQR) bzw. nationalen Qualifikationsrahmens (NQR) und eines Leistungspunktesystems (ECVET) (vgl. Severing 2006, S. 21ff.).

| | |
|---|---|
| Bereitstellung von Steuerungsinformationen | Vergleichbarkeit von Leistungen (national, international) |
| Empirische Fundierung des DQR bzw. EQR | Informationsbasis zur Gestaltung von Ordnungsmitteln |
| Zusammenhang von Ausbildungs- und Berufserfolg | Ausgestaltung von Lehr-/Lernprozessen und -materialien |
| Entwicklung diagnostischer Fähigkeiten bei Lehrkräften | Ableitung individueller Fördermaßnahmen |

*Abb. 1: Anwendungsfelder der Erfassung von Leistungen mit Kompetenzmodellen vgl. Seeber et al. 2010, S. 8.*

Problematisch im Zusammenhang mit der Bereitstellung von Steuerungsinformationen ist die derzeitige Inkompatibilität und mangelnde Operationalisierbarkeit der Ordnungsmittel in der deutschen beruflichen Ausbildung mit dem Konstrukt der Handlungskompetenz[13] (vgl. Breuer 2005, S. 16).

Die Durchsetzung eines Bildungsmonitorings ist gebunden an die Verabschiedung anerkannter Leistungsindikatoren, wie sie die Bildungsstandards im allgemeinbildenden System darstellen. Verbände, Behörden sowie politische Akteure fordern daher die Erarbeitung und Einführung länderübergreifender Bildungsstandards und einen Leistungsvergleich im Rahmen eines Berufsbildungs-PISA (vgl. Breuer 2005, S. 2; Sloane 2007, S. 25f.).

Die Übertragung der in der Allgemeinbildung existenten Konzeption nationaler Bildungsstandards auf die berufliche Bildung ist dabei recht problembehaftet (vgl. Baethge et al. 2006, S. 18ff.; Dilger/Sloane 2005, S. 4ff.; Sloane 2007, S. 77ff.):

- Struktur: Höhere Komplexität des Berufsbildungssystems (z.B. zwei oder mehr Lernorte in der dualen Ausbildung, Vielzahl unterschiedlicher Bildungsgänge und -abschlüsse)
- Didaktisches Konzept: Fachorientierung vs. Lernfeldausgestaltung
- Kompetenzverständnis: Kognitionstheoretischer Ansatz und Fachorientierung vs. Handlungskompetenz und Domänenbezug[14]

---

[13] Auch dem deutschen Prüfungswesen (IHK-Prüfungen) wird eine unzureichende Messung beruflicher Handlungskompetenzen attestiert (vgl. Klotz/Achtenhagen 2012, S. 4ff.).
[14] Auch in der Allgemeinbildung wird der Begriff Domäne verwandt, er ist hier jedoch gleichzusetzen mit Fächern. In der beruflichen Bildung ist die Definition der Domäne hingegen facettenreicher (vgl. Dilger/Sloane 2005, S. 15 bzw. Kapitel 3.1.2.).

Die Messung von Leistungen durch Standards gestaltet sich im beruflichen Bereich entsprechend diffiziler. Das Lehr- Lernverständnis und die Komplexion der Berufsbildung machen mehrdimensionale, fachübergreifende Messmodelle notwendig, die domänenspezifisch erschlossen werden. Neben diesen strukturellen Herausforderungen bezüglich der Messmodelle, treten Differenzen im Bereich der Skalierung und Niveaubildung auf (vgl. Dilger/Sloane 2005, S. 19ff.).

Hohe Einigkeit herrscht darüber, dass entsprechende Leistungsvergleiche nur über die Messung von Kompetenzen erfolgen können. Die Mannigfaltigkeit der definitorischen Abgrenzung des Kompetenzbegriffes und der Kompetenztypen[15] erschweren diese Aufgabe jedoch zusätzlich.

---

[15] Die funktionale Relation des Begriffs findet ihren Ausdruck in Konstrukten wie Evaluations-, Verhandlungs-, Gesprächsführungskompetenz etc. (vgl. Zlatkin-Troitschanskaia/Seidel 2011, S. 220).

# 3 Begriffliche Erfassung und Modellierung von Kompetenz

Kompetenz ist kein naturgegeben-abgrenzbares Phänomen. Ihre terminologische Bestimmung gründet sich je nach fachwissenschaftlicher Färbung auf psychologischen, linguistischen, soziologischen bzw. philosophischen Ansätzen. Um der Forschungsfrage nachzugehen, welchen Beitrag die einzelnen Messverfahren zur Erfassung kaufmännischer Handlungskompetenzen liefern, soll zunächst ein Überblick der verschiedenen Kompetenzbegriffe gegeben werden. Darauf aufbauend, wird Handlungskompetenz im beruflichen Kontext näher beleuchtet und eine Darstellung der geläufigsten Subkonstrukte vorgenommen.

## 3.1 Definitorische Abgrenzung des Kompetenzbegriffes

Es ist schwierig, die in unterschiedlichen Forschungskontexten verwendeten Abgrenzungen der Kompetenz zu einer einheitlichen Definition zu aggregieren. Zu divergent scheinen die Auffassungen der Fachrichtungen, auch im Hinblick auf national-kulturelle Differenzen[16] (vgl. Baethge et al. 2006, S. 18; Klieme/Hartig 2007, S. 13; Edelmann/Tippelt 2008, S. 135f.; Zlatkin-Troitschanskaia/Seidel 2011, S. 218f.). Zwei fundamentale Ansätze lassen sich dabei unterscheiden.[17]

### 3.1.1 Kognitions- und handlungsbezogene Basisströmungen

Die kognitionsbetonte Sichtweise hat ihren Ursprung in den sprachwissenschaftlich geprägten Untersuchungen von Chomsky. Er definiert Kompetenz im Sinne psychischer Dispositionen – innere Voraussetzungen, die die Basis menschlichen Handelns bilden. Dieses äußert sich in der Performanz (siehe Kapitel 3.1.3.), welche

---

[16] Für eine Gegenüberstellung internationaler Ansätze der Klassifizierung von Kompetenzen in der Berufsbildung siehe Baethge et al. 2006, S. 24.
[17] Winther führt zudem eine in Großbritannien und Australien vorherrschende Sichtweise an, welche ähnlich den in Deutschland diskutierten Schlüsselqualifikationen, aus arbeitsweltorientiert bewältigenden Fähigkeiten (generic skills) resultiert (vgl. Winther 2010, S. 18ff.).

durch kontext- und personenabhängige Faktoren die Kompetenz reflektiert[18] (vgl. Chomsky 1969, S. 13f./ Zlatkin-Troitschanskaia/Seidel 2011, S. 220).

Darauf aufbauend, hat insbesondere Weinert die (kognitive) Kompetenzforschung maßgeblich beeinflusst[19]. Er spezifiziert die inneren Voraussetzungen als mentale Bedingungen in Form von vorhandenen bzw. erlernbaren kognitiven Fähigkeiten und Fertigkeiten. Das Abrufen dieser ist abhängig von Bereitschaften sozialer, motivationaler und volitionaler Prägung. Das menschliche Handeln ist dabei zielgerichtet und zeichnet sich durch Problemlösen in spezifisch-variablen Situationen aus (vgl. Weinert 2001, S. 27ff.). Weinert entkoppelt somit das motivational/volitionale Element aus messtheoretischen Gründen und grenzt den Kompetenzbegriff auf kontextspezifische kognitive Leistungsdispositionen ein (vgl Klieme/Hartig 2007, S. 18; Zlatkin-Troitschanskaia/Seidel 2011, S. 221).

Der zentrale Unterschied im Vergleich zur handlungsbezogenen Sichtweise ist somit diese Externalisierung der Motivationskomponente, die jedoch als Determinante theoretische bzw. empirisch-messtheoretische Betrachtung findet. Die Bewältigung der Anforderung selbst, durch Wissen und Können, wird als vordergründig erachtet (vgl. Rosendahl/Straka 2011, S. 5).

Handlungsbezogene Kompetenzauslegungen hingegen gehen davon aus, dass über Wissensbestände hinausgehende Prozesse, Veranlagungen und Einstellungen eines Individuums ebenfalls maßgeblich die situative Bewältigung von Anforderungen bewirken (vgl. Zlatkin-Troitschanskaia/Seidel 2011, S. 223). Diese Sichtweise geht zurück auf die Arbeiten von Roth. Er interpretierte Kompetenz in den 70er Jahren als Mündigkeit, welche sich in Selbst-, Sach und Sozialkompetenz äußert. Dieser Trias aus Teilkompetenzen ermächtigt den Menschen zur eigenverantwortlichen, fachkundlichen und gesellschaftlichen Urteils- und Handlungsfähigkeit (vgl. Roth 1971, S. 180).

Gemeinsam ist beiden Ansätzen, dass es sich bei Kompetenzen um erlernbare, kontextualisierte Dispositionen handelt, welche zur Bewältigung unterschiedlicher Situationen und Anforderungen problemlösend zum Einsatz kommen. Sie sind damit gegenüber dem Konstrukt der Intelligenz abgegrenzt, da diese sich durch generali-

---

[18] Chomsky unterscheidet im Original zwischen Sprachkompetenz, der Fähigkeit des regelabgeleiteten Sprechens und Sprachverwendung als konkreter situativer Sprachgebrauch).
[19] Seine Kompetenzdefinition ist Basis der Bildungsstandards (vgl. Klieme et al. 2003, S. 72).

siertes, zeitlich stabiles und grundlegend an kognitiven Prozessen ausgerichtetes Problemlösen charakterisieren lässt (vgl. Hartig/Klieme 2006, S. 131).

Die wirtschafts- bzw. berufspädagogische Sichtweise schließt am handlungsbezogenen Kompetenzverständnis an und differenziert den Begriff im Rahmen der Handlungskompetenz weiter aus (vgl. Seeber et al. 2010, S. 3).

### 3.1.2 Berufliche Handlungskompetenz und die Notwendigkeit der Domänenabgrenzung

Die Roth'schen Grundlagen und die in den 70er Jahren entstandene Diskussion um die Schlüsselqualifikationen[20] begründen die heutige Prägung der berufspädagogischen Forschung. Reetz stellte diese in den Bezug zu Kompetenzen und differenzierte die Handlungskompetenz wie folgt aus (vgl. Reetz 1999, S. 41f.):

- Sachkompetenz: allgemeine kognitive Leistungsfähigkeit zum sachgerechten und problemlösenden Handeln
- Methodenkompetenz: als Erweiterung der Sachkompetenz verstandene Fähigkeit zum Rückgriff auf Heurismen und Lösungsschemata
- Selbstkompetenz: Fähigkeit zu moralisch selbstbestimmtem Handeln
- Sozialkompetenz: Fähigkeiten zum kooperativen, sozialkritischen und kommunikativen Handeln

Handlungskompetenz schließt dabei generelle und kontextspezifische Leistungsdispositionen zur Bewältigung von Situationen und Anforderungen sowie die hierzu notwendigen motivationalen Aspekte ein (vgl. Hartig/Klieme 2006, S. 128).

Die meisten Autoren und Forscher im beruflichen Bildungsbereich beziehen sich auf das Modell von Reetz bzw. modifizieren dieses. Die Machbarkeitsstudie für ein Berufsbildungs-PISA beispielsweise erweitert das Modell zu einem Kompetenzraster. Dieses wird über die unterschiedlichen Kompetenzbereiche und individuellen Fähigkeiten der Wissensaneignung und –anwendung[21] aufgespannt (vgl. Baethge et al. 2006, S. 38ff.). Von vielen Forschern wird das Konstrukt jedoch aufgrund der

---

[20] Reetz greift Martens Problematik der Schlüsselqualifikationen auf. Diese zielen auf arbeitsmarktbezogene Anforderungsprofile ab und weisen entlang von vier Typen (Basis- und Horizontalqualifikationen, Breitenelemente, Vintagefaktoren) personale Kernvoraussetzungen für Arbeitskräfte aus (vgl. Reetz 1999, S. 32f.).
[21] z.B. Einstellungen, Motivation und Wissensarten

problematischen Operationalisierung eingegrenzt (vgl. Seeber et al. 2010, S. 3). Beispielsweise beschränken sich Rosendahl und Straka zur Erfassung bankkaufmännischer Kompetenzen auf Fachkompetenzen und ordnen in kognitivistischer Tradition andere innere Voraussetzungen in das deterministische Bedingungsgefüge ein (vgl. Rosendahl/Straka 2011, S. 5). Diese Konzentration auf kognitive Leistungsbereiche ist konzeptionell limitierend, aus pragmatischen Gründen jedoch nachvollziehbar und weit verbreitet (vgl. Klieme 2004, S. 11).

Die Zielsetzung des Forschungsinteresses ist maßgeblich für das zugrunde gelegte Kompetenzverständnis. Bei der Messung im beruflichen Bereich werden dabei idealtypisch folgende Konzepte unterschieden (vgl. Achtenhagen 2007, S. 489):

- Elementar-kognitive Grundfähigkeiten (Lesen, Schreiben, Rechnen etc.)
- Berufsübergreifend-arbeitsbezogene Kompetenzen (Selbstorganisation, Interaktion in sozial-heterogenen Gruppen etc.)
- Berufsfachliche Kompetenzen (Bewältigung spezifischer beruflicher Rollenanforderungen und Tätigkeiten)

Dieser Klassifikation liegt als Kriterium eine Art „Spannrichtung" zugrunde. Kompetenzen sind funktional bestimmte Leistungsdispositionen, welche sich erst im situativen Lern- bzw. Arbeitskontext entfalten. Ihre direktionale Zusammenfassung kann entsprechend elementar-punktuell, horizontal oder vertikal erfolgen. Letztere kann als Erfassung im Rahmen einer beruflichen Domäne interpretiert werden.

Der Domänenbezug ist durch die funktionale Ausrichtung der beruflichen Bildung an lebens- und arbeitsweltrealen Anforderungen für die Messung beruflicher Kompetenzen notwendig. Eine generische bzw. breite Anwendung von Schlüsselkompetenzen scheint illusorisch (vgl. Klieme 2004, S. 11). In der beruflichen Bildung kann der Domänenbegriff[22] dabei als Konglomerat lebensrealer Aufgaben mit Bezug auf Handlungs- und Orientierungsfähigkeit in einem Berufsfeld umschrieben werden (vgl. Winther 2010, S. 83). Berufliche Domänen werden durch einen „übergeordneten sinnstiftenden, thematischen Handlungskontext [… begründet und entstehen …]

---

[22] In diesem Zusammenhang können die elementar-punktuelle mit allgemein-kognitiven Fähigkeiten und die horizontale Klasse mit domänenübergreifenden Fähigkeiten beschrieben werden. Die in der Allgemeinbildung gebräuchliche fachbezogene Spezifikation des Domänenbegriffes ist in der Berufsbildung durch die Lernfeldausrichtung schwer möglich (siehe Kapitel 2.4.). Für eine ausführliche Diskussion eines fachübergreifenden und damit modellvariierenden Domänenkonzeptes siehe Winther 2010, S. 79ff.

durch Klassifizierung von Tätigkeiten in einem ‚gesetzten' Handlungskontext" (Dilger/Sloane 2005, S. 19, nach Achtenhagen 2004, S. 22). Die Grenzziehung ist dabei immer durch ein externes Validitätskriterium vorgegeben, welches auf den Forschungszweck bzw. das zugrunde gelegte Bildungs- und Kompetenzverständnis verweist (vgl. Winther 2010, S. 84).

Eine berufliche Domäne ist definiert durch, als Kategorien von Handlungen bzw. Verhalten in beruflichen oder schulischen Situationen (Settings). Sie ist gleich oder weniger als Handlungs- bzw. Wissensreichweiten eines Berufes oder Zusammenfassungen von Lernfeldern (vgl. ebenda, S. 83). Sie wird determiniert über typische „Inhalte, Konzepte, Theorien, Terminologien, Strategien, Arbeitsmethoden und Repräsentationsformen" (ebenda, S. 66).

Bei der Messung beruflicher Handlungskompetenz werden Personen typischerweise mit, Anforderungen in Form von Aufgaben konfrontiert, welche der berufsrealen Welt entlehnt sind. In Interaktion mit der Person und ihren internen Propositionen kommt es zur Lösung bzw. Nichtlösung der Aufgabe, wodurch sich Rückschlüsse auf die Kompetenz ziehen lassen. Auf die verantwortlichen Personenmerkmale soll in der Folge kurz eingegangen werden.

### 3.1.3 Personale Voraussetzungen, Handlung und Performanz

Zur Bewältigung von Handlungsanforderungen dienen dem Individuum die jeweiligen Fertigkeiten und Fähigkeiten[23], welche sich aus der Interaktion und Verknüpfung der personalen inneren Möglichkeiten des Handelns und der Wissensbasis ergeben (vgl. Baethge et al. 2006, S. 39; Straka/Macke 2009, S. 15.).

Die Dispositionen zeichnen durch handlungs- und orientierungsgebende Aspekte aus. Handlungsdispositionen sind insbesondere kognitive Prozesse und Wissensstrukturen, die den Menschen in die Lage versetzen, Handlungen durchzuführen. Die Intensität der Durchführung hängt von regulativen Aspekten ab. Diese Orientierungsdispositionen beinhalten prädezisionale motivationale Elemente, welche dem Handeln die Richtung geben und motivationale und volitionale Realisierungselemente, welche die auszuführenden Aktionen aufrechterhalten, kontrollieren und bewerten

---

[23] Zur Unterscheidung zwischen Fähigkeiten und Fertigkeiten siehe Kapitel 3.2.1.

(vgl. Heckhausen/Heckhausen 2010, S. 3ff.; Straka/Macke 2009, S. 15). Eine ähnliche Funktion erfüllen das Wertesystem und die Einstellungen der handelnden Person. Sie positionieren diese gegenüber Objekten, Inhalten oder Ereignissen und begründen z.B. das Urteilsvermögen. Emotionen und Motivationen sind dabei untrennbar mit Kognitionen verbunden (vgl. Edelmann 2000, S. 113).

Kognitive Prozesse ermöglichen die Herausbildung von Wissensstrukturen. Beide bilden das kognitive Potential. Sie verantworten maßgeblich die kognitive Bewältigung von Handlungsanforderungen. In ihrer Weiterentwicklung der Bloom'schen Lernzieltaxonomien liefern Anderson und Krathwohl eine Möglichkeit, die beiden Dimensionen des Lernens zu klassifizieren. Kognitive Prozesse werden in die sechs Oberkategorien Erinnern, Verstehen, Anwenden, Analysieren, Bewerten und Erschaffen unterteilt. Bezüglich der Wissensstrukturen werden die Subkategorien Faktenwissen, prozedurales, konzeptuelles und metakognitives Wissen unterschieden (vgl. Anderson/Krathwohl 2001, S. 46ff.).

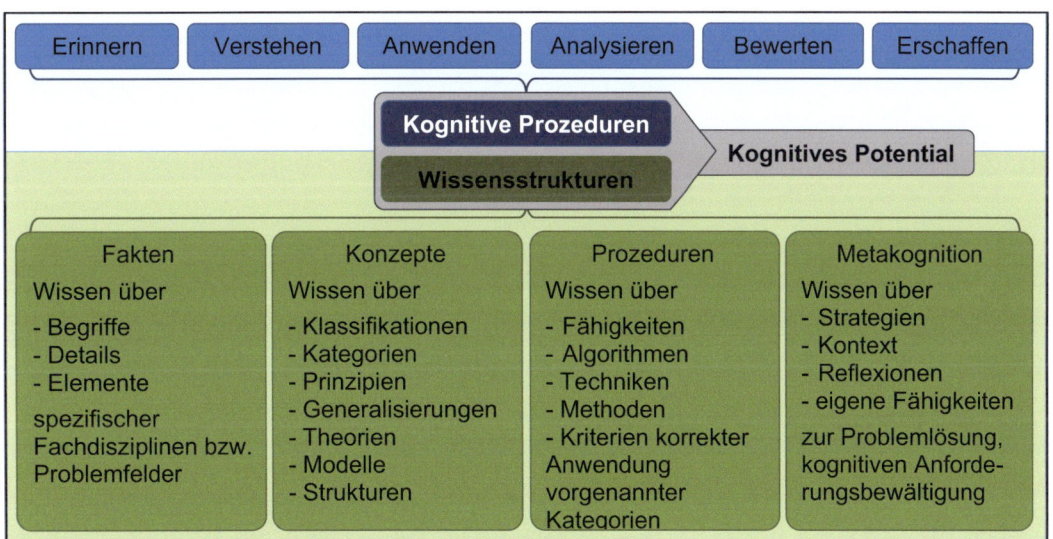

*Abb. 2: Komponenten des kognitiven Potentials*
*in Anlehnung an Anderson/Krathwohl 2001, S. 46ff.*

1Diese gespeicherten und abrufbaren Prozesse, Strukturen und Informationen ermöglichen das dem Kompetenzbegriff inhärente Problemlösen[24]. Die dafür not-

---

[24] Ein Problem ist gekennzeichnet durch einen unerwünschten Anfangszustand und ein Hindernis zur Herbeiführung eines erwünschten Zielzustands (vgl. Edelmann 2000, S. 209).

wendige durchzuführende Handlung ist gemäß dem Modell der vollständigen Handlung durch sechs Prozessstufen gekennzeichnet (siehe Abbildung 3).

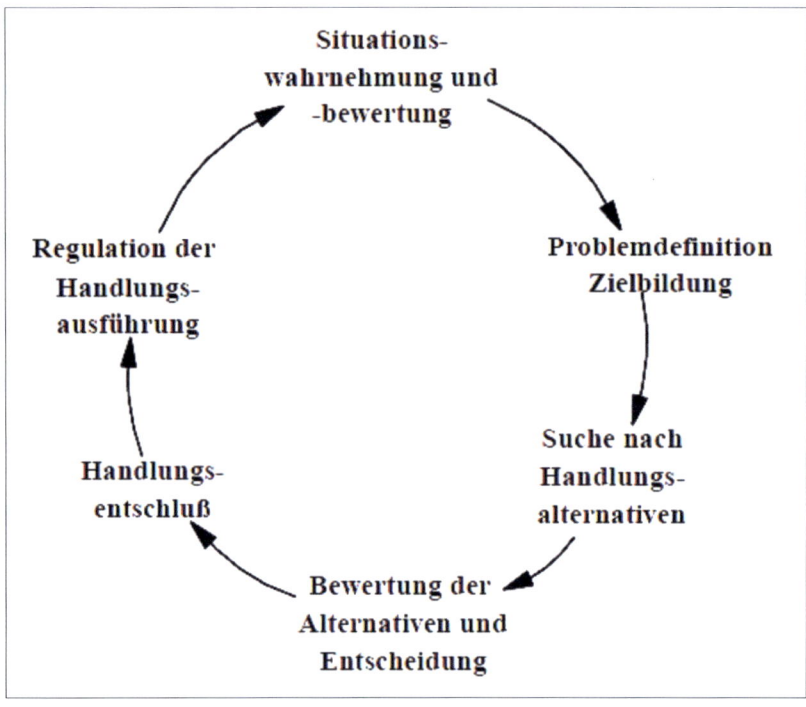

*Abb. 3: Modell vollständiger Handlung*
*aus: Tramm/Rebmann 1997, S. 14*

Der Prozess der Handlungsausführung bzw. die damit zusammenhängenden beobachtbaren Fähigkeiten und das Handlungsergebnis, im Sinne des operativen Outputs, werden als Performanz verstanden. Die zugrundeliegenden inneren Dispositionen repräsentieren hingegen die Kompetenz (siehe Kapitel 3.1.1.).

Die Messung von Kompetenz kann entsprechend auf Basis der Performanz erfolgen und stellt auf das generative Verhältnis beider Konstrukte ab (vgl. Winther 2009, S. 9). Sie kann jedoch auch durch Bestimmung vorgenannter Dispositionen durchgeführt werden. Beide Verfahren machen eine entsprechende Modellbildung notwendig, um das nicht-beobachtbare Konstrukt der Kompetenz auf Basis messbarer Variablen zu erheben (vgl. Seeber et al. 2010, S. 6).

## 3.2 Modelle zur Abbildung von Kompetenz

Die Entwicklung von Modellen basiert auf theoretischen Formulierungen von Hypo-
thesen bzw. Annahmen, die im Rahmen empirischer Untersuchungen überprüft und
zu bestätigten Modellen verdichtet werden. Sie ermöglichen die Transformation
theoretischer Konstrukte auf die Messebene und die Interpretation der ermittelten
Messwerte[25] (vgl. Zlatkin-Troitschanskaia/Seidel 2011, S. 224). Bezüglich der
Erforschung von Kompetenzen können drei Modelltypen unterschieden werden.

### 3.2.1 Kompetenzstrukturmodelle

Sie erfassen die Binnenstruktur der zu messenden Kompetenzen in Form von
Subdimensionen. Kompetenzstrukturmodelle können als theoretische Vorarbeiten
zur Erfassung der Kompetenzen eigesetzt werden und bieten damit z.B. die Möglichkeit, differenzierte Messverfahren für die einzelnen Teildimensionen zu verwenden
(vgl. Achtenhagen/Winther 2008, S. 125). Sie können aber auch aus den ermittelten
Merkmalsausprägungen durch korrelative Zusammenhänge konstruiert werden[26].
Eine Kombination beider Verfahren im Sinne einer Überprüfung der Modellannahmen
ist dabei sinnvoll und wird in aktuellen Forschungsvorhaben praktiziert (vgl. Seeber
et al. 2010, S. 4).

Die Struktur von Kompetenzen orientiert sich dabei an den unterschiedlichen Situationen bzw. Kontexten, in welchen sie zur Anwendung kommen. Sie definieren sich
insbesondere durch die Inhalte der Situationen und Aufgaben und den zugrundeliegenden Anforderungen (vgl. Hartig/Klieme 2006, S. 131f.).

Freys Modell zur Kompetenzstruktur von Lehramtsstudierenden zeigt in beispielhaf-
ter Form die Hierarchisierung der Handlungskompetenz in unterschiedliche Subkonzepte[27] (siehe Abbildung 4). Die untergeordneten Teilkompetenzen Fach-, Sozial-,

---

[25] Man kann hierbei zwischen Mess- und Analysemodellen differenzieren.
[26] Winther vollzieht diese Trennung strenger und unterscheidet zwischen einer qualitativen Beschreibung der Teildimensionen durch Kompetenzstrukturmodelle im Sinne inhaltlich-semantischer Variablen und dem Messmodell, welches daraus entsteht und anhand dessen die angenommene Modellstruktur empirisch überprüft und gegebenenfalls modifiziert wird (vgl. Winther 2011, S. 133).
[27] Die empirische Methode der Selbstbeurteilung der zugrundeliegenden Fertigkeiten weicht dabei von
den meisten aktuellen Kompetenzmessungsverfahren im berufspädagogischen Forschungsbereich
ab. Diese versuchen vielmehr über Aufgabenlösungen bzw. -löseverhalten Kompetenzbereiche zu
ermitteln.

Methoden- und Selbstkompetenz werden durch Fähigkeitsdimensionen[28] bestimmt, welche sich auf der untersten Ebene aus psychischen bzw. physischen Fertigkeiten zusammensetzen. Diese zeichnen sich durch die routinierte Ausführung konkret bestimmbaren, inhaltlichen Könnens aus (vgl. Frey 2004, S. 906f.).

Das Modell macht damit die Komplexität der Handlungskompetenz systematisierbar und operationalisierbar.

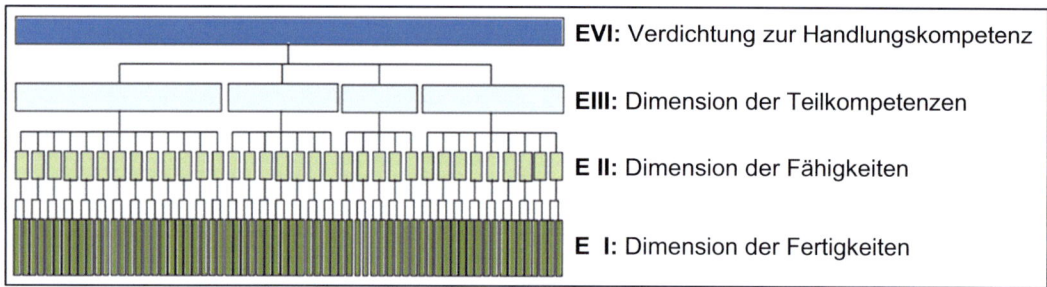

*Abb. 4: Hierarchisches Strukturmodell von Handlungskompetenz*
*in Anlehnung an Frey 2004, S. 907.*

Kompetenzstrukturmodelle ermöglichen die Abbildung der Komplexität der zu messenden Kompetenzkonstrukte. Neben der differentiellen Messbarkeit liegen ihre Vorteile in der besseren diagnostischen Erfassung von Teilkompetenzen und der Möglichkeit, fachdidaktische Ableitungen und Rückschlüsse auf den Lehr- Lernprozess zu ziehen. Sie ermöglichen die Darstellung unterschiedlicher interindividueller Unterschiede, welche in Kompetenzniveaumodellen zum Ausdruck kommen (vgl. Schumann/Eberle 2011, S. 77).

## 3.2.2 Kompetenzniveaumodelle

Diese Modelle untergliedern das Kontinuum von Kompetenzen in Klassen und beschreiben diese anhand qualitativer Kriterien. Quantitative Leistungswerte werden zu Skalenabschnitten transformiert. Durch Bezug zu Anforderungscharakteristika wird eine Beschreibung des Erfüllungsgrades der in diesen Klassen lokalisierten Kompetenzen ermöglichen. Man spricht in diesem Zusammenhang auch von kriteriumsorientierten Interpretationen. Durch die testwertbasierte Zuordnung individueller Testpersonen zu den Klassen, können Rückschlüsse gezogen werden, welche

---

[28] z.B. Selbstständigkeit und Kooperation als Teil der Sozialkompetenz

spezifischen Anforderungen diese Person zu bewältigen imstande ist (vgl. Hartig/Klieme 2006, S. 133f.; Winther 2010, S. 40). Bei der Einteilung bzw. Beschreibung der Niveauklassen kann grundsätzlich zwischen zwei Verfahren unterschieden werden (vgl. Seeber et al. 2010, S. 5):

a) Bestimmung kritischer Schwellen nach Beaton und Allen

Die Einteilung der Skalen kann dabei willkürlich (z.B. durch Setzung gleich großer Klassen), normenorientiert (z.B. durch Leistungsmittelwerte von Jahrgangsstufen) oder durch traditionell-psychometrische bzw. Methoden der Item-Response-Theorie (siehe Kapitel 4.2.2.) erfolgen. Für die Beschreibung der Niveauklassen erfolgt dann eine post-hoc Analyse der Inhalte der Aufgaben, welche an den Klassengrenzen bzw. Schwellen als Diskriminierungsmerkmal[29] fungieren (vgl. Beaton/Allen 1992, S. 192f.).

b) Prädiktion von Itemschwierigkeiten unter Rückgriff auf Aufgabenmerkmale

Diese Methode basiert auf vorab festgelegten schwierigkeitsbestimmenden Anforderungsmerkmalen. Diese theoriegeleiteten Annahmen führen zu spezifischen Schätzungen der Aufgabenschwierigkeiten, welche dann mit den empirisch ermittelten Ergebnissen verglichen werden. Mittels Regressionsanalysen können die Anforderungsmerkmale dann auf ihren Erklärungsgehalt bezüglich des Schwierigkeitskriteriums überprüft werden. Die schwierigkeitsrelevanten Variablen dienen dann der Beschreibung der Niveauklassen und bilden darüber hinaus die Basis der Neukonstruktion von Aufgaben (vgl. Hartig 2007, S. 86ff.; Hartig/Klieme 2006, S. 133ff.).

Die qualitative Beschreibung von Niveauklassen hat somit deutliche Vorteile gegenüber quantitativen Leistungsbeschreibungen mittels Intervall- oder Ordinalskalen. Die Zuordnung von Personen zu kriterial interpretierten Klassen ermöglicht eine teilkompetenzen- sowie fähigkeitsgenauere Vergleichbarkeit von Individuen sowie Gruppen[30]. Sie dienen insbesondere der besseren Kommunizierbarkeit der Ergebnisse, sind jedoch immer verbunden mit Informationsverlusten und suggerieren Gruppen-

---

[29] Dies sind Aufgaben, welche durch Testpersonen in der höheren Klasse zum größten Teil gelöst und in der niedrigeren Klasse nicht gelöst wurden. Sie werden auf generalisierbare Merkmale hin untersucht, die die Zugehörigkeit zu den entsprechenden Niveauklassen erklären können.
[30] Sie sind damit die Voraussetzung eines System-Monitorings, welches auch intertemporale und internationale Vergleiche zulässt (vgl. Hartig/Jude 2007, S. 24).

zugehörigkeiten trotz interindividueller Heterogenität innerhalb der Niveauklassen (vgl. Hartig 2007, S. 86).

### 3.2.3 Kompetenzentwicklungsmodelle

In engem Zusammenhang mit Niveauklassen können Entwicklungsmodelle betrachtet werden, wobei ihre Zielsetzung in der Ableitung entwicklungspsychologischer Unterschiede zwischen Niveaustufungen zu verstehen ist (vgl. Winther 2010, S. 42). Sie geben Aufschluss über die sequentielle Abfolge der Herausbildung von Kompetenzen und basieren auf den Annahmen, dass

1. das Erreichen einer Klasse, irreversibel das Verfügen über die diesem Niveau zuordenbaren Fähigkeiten durch ein Individuum darstellt.
2. das Erreichen einer höheren Klasse die Fähigkeiten der niedrigeren Klasse mit einschließt.

Dieses, der kognitiven Entwicklungspsychologie entlehnte Konzept, gilt jedoch als sehr umstritten. Die Komplexität des Zusammenspiels der, dem Kompetenzkonstrukt inhärenten, Subkonzepte und die interindividuellen sowie interkulturellen Unterschiede in Wertesystemen, Denk- und Handelsweisen machen die Abbildung in einem solchen Entwicklungsmodell zum jetzigen Zeitpunkt der Forschung kaum vorstellbar (vgl. Helmke/Hosenfeld 2004, S. 63).

Zudem existieren Theorien, dass neben den Kompetenzniveauausprägungen eines Individuums auch dessen Strukturkomponenten der Kompetenz Veränderungen im Zeitablauf obliegen können. So beschreibt Winthers „Modell der Kompetenzentwicklung von der Ausbildung bis zum Beschäftigungsvollzug" die strukturelle Transformation kaufmännischer Kompetenz (vgl. Winther 2010, S. 259).

Kompetenzentwicklungsmodelle zielen damit auf den Charakter der Prozesshaftigkeit des Lernens und einer entsprechenden Generalisierbarkeit des Lernfortschritts ab. Im Bereich der beruflichen Bildung geht es darum, „ […] wie sich im Verlauf eines beruflichen Bildungsprozesses, insbesondere durch das Handeln in beruflichen Situationen, Wissen und Erfahrungen kumulieren und so das inkorporierte Arbeitsvermögen der Person komplexer wird und sie Kompetenzen auf höheren Stufen herausbildet. (Kettschau 2012, S. 7)"

Diese Ergebnisse können wertvolle Erkenntnisse für die Ausgestaltung von Ordnungsmitteln, Curricula und Unterrichtsplanung darstellen[31]. Die theoretische und empirische Basis solcher Modelle ist jedoch limitiert: „Obgleich inzwischen zunehmend in mehreren Studien der Fokus auf die Kompetenzentwicklung gelegt wird, existieren hierzu kaum hinreichend elaborierte sowie ggf. testadäquate theoretische Grundlegungen, die eine Operationalisierung der Entwicklungen von Kompetenzen erlauben." (Zlatkin-Troitschanskaia/Seidel 2011, S. 227)

## 3.3 Arbeitsdefinition kaufmännischer Handlungskompetenz

Die Bestimmung des „Kaufmännischen" im Rahmen der Beruflichkeit[32], macht es zunächst notwendig, den Begriff des Berufes näher zu beleuchten.

Das skizzierte Bildungsverständnis (siehe Kapitel 2.1.) verdeutlicht, dass über eine rein arbeitsmarktorientierte Qualifikationsentwicklung hinauszugehen ist und vielmehr soziostrukturelle als auch subjektbezogene Facetten berücksichtigt werden müssen (vgl. Hellwig 2008, S. 259). Fürstenberg beschreibt Berufe als „ [...] eine spezifische Form der Erwerbstätigkeit, die auf einer relativ dauerhaften Verbindung von systematisch in Lernprozessen erworbenen Qualifikationen mit entsprechenden Tätigkeitskomplexen beruht und ihrem Träger einen gesellschaftlich anerkannten Status sowie Handlungskompetenz im Rahmen sanktionierter Regelbindung vermittelt." (Fürstenberg 2000, S. 20)

---

[31] Insbesondere die Arbeiten von Dreyfus und Dreyfus und ihr Novizen-Experten Modell hatten einen Einfluss auf die entwicklungscharakteristische Gestaltung der Lehrplanentwicklung mit Bezug zu Arbeits- und Geschäftsprozessen (vgl. Kettschau 2012, S. 7).
[32] Hierbei soll keine Differenzierung zwischen Beruf und Beruflichkeit vorgenommen werden (vgl. Hellwig 2008, S. 252).

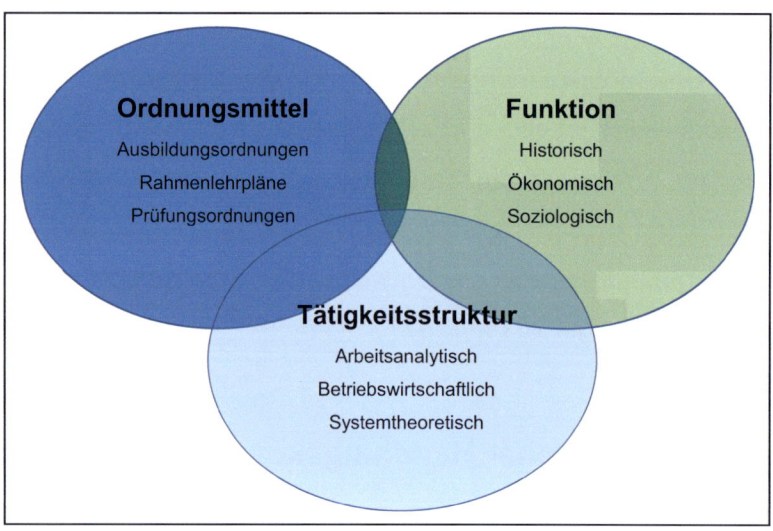

*Abb. 5: Zugänge zum „Kaufmännischen"*
*in Anlehnung an Tramm 2012, S. 5*

Damit bezieht er sowohl auf den Gebrauchswert des Arbeitskönnens[33], als auch den Tauschwert ein, der den Verwertungsaspekt und die arbeitsmarktbezogenen Ansprüche darstellt (vgl. Hellwig 2008, S. 255). Diese Mehrperspektivität[34] führt dazu, dass die Erschließung des „Kaufmännischen" aus unterschiedlichen Blickwinkeln erfolgen muss. Die von Fürstenberg im Begriff der Regelbindung subsummierten

Ausbildungsordnungen und Rahmenlehrpläne bilden neben der Funktion und Tätigkeitsstruktur mögliche Zugänge zum Kern des „Kaufmännischen"[35]:

Vor allem die empirischen und theoretischen Vorarbeiten des Projektes „Gemeinsamkeiten und Unterschiede kaufmännisch-betriebswirtschaftlicher Aus- und Fortbildungsberufe" (GUK) des Bundesinstitutes für Berufsbildung (BIBB)[36] wurden im hiesigen Vorhaben verwendet, um ein kaufmännisches Kompetenzkonstrukt im Ausbildungsbereich abzuleiten, welches sich über vier Komponenten konstituiert:

---

[33] Diese ist subjektiv notwendig, um die dem Berufsbild entsprechenden Tätigkeiten auszuführen.

[34] Für einen Überblick der Einfluss nehmenden Faktoren und Merkmale des Berufsbegriffs siehe z.B. Brötz et al. 2009, S. 23f.; Kaiser 2010, S. 166f.

[35] Dieses Konzept wird im Rahmen des Projektes GUK zur Erfassung kaufmännischer Kompetenzen genutzt. Es soll einen Beitrag zur besseren Steuerung des Berufsbildungssystems durch die Ableitung politischer Entscheidungen liefern. Darüber hinaus sollen Berufskategorisierungen und –zuordnungen ermöglicht werden, die den derzeitigen Veränderungsprozessen (siehe Kapitel 2.) entsprechen. (vgl. Brötz et al. 2009, S. 19).

[36] Vorrangig wurde der Zwischenbericht des Projektes (vgl. Brötz et al. 2011, S. 29ff.) sowie die in diesem Zusammenhang erschienenen Publikationen von Kaiser und Kehl (vgl. Kaiser 2012, S. 167ff.; Kehl 2006, S. 174ff.) genutzt.

a) Ökonomisches und betriebswirtschaftliches Denken

Handlungen und Entscheidungen sind so zu vollziehen, dass diese unternehmerisch lebensnotwendige Aspekte der Gewinn- und Kosten/Nutzenorientierung, Liquidität und den effizienten Umgang mit Ressourcen beinhalten.

b) Ausrichtung der Geschäftsprozesse auf den Markt

Marktchancen werden erkannt und unter Beachtung interner Rahmenbedingungen sowie externer Außenbeziehungen dergestalt genutzt, dass Geschäftsprozesse auf die Wertschöpfung und den Kundennutzen ausgerichtet werden.

c) Nutzung von Information als fundamentales Transaktionsmedium

Informationen werden im Rahmen der

- Kommunikativen Interaktion mit Interessengruppen (Stakeholder)
- Abbildung in Planungs-, Steuerungs- und Kontrollsystemen

genutzt und zielgruppengerecht in Repräsentationsformen umgestaltet.

d) Eigen- und Gesellschaftsverantwortliches Handeln

Unternehmensinterne und -externe Zielsysteme werden aufeinander bezogen und Kompromisse im Hinblick auf gesellschaftliche Interessen berücksichtigt. Das selbständige Handeln vollzieht sich durch planerische, wertende und (selbst-) reflektive Elemente als strategische Funktion. Diese, als Leitidee des kaufmännischen Denkens und Handelns zu verstehende Kompetenzbeschreibung, soll nun im Rahmen eines Strukturmodells um die Aspekte der Handlungsorientierung bzw. Domänenspezifität erweitert werden.

Hierbei wird auf die Konzeption eines weiteren BIBB-Forschungsvorhabens[37] zurückgegriffen. Dieses nutzt das Modell von Baethge et al. als Vorlage (vgl. Baethge et al. 2006, S. 38ff.; siehe auch Kapitel 3.1.3.). In einer Matrix ergeben die Dimensionen berufstypische Prozessorientierung[38] und die Teilkompetenzen nach Reetz Unterkategorien der Handlungskompetenz, die innerhalb einzelner Handlungsfelder beschrieben werden (vgl. Reetz 1999, S. 41f.; siehe Kapitel 3.1.2.).

---

[37] Hierbei handelt es sich um das Projekt „Kompetenzstandards in der Berufsausbildung".
[38] Diese sind als Teilmenge der betrieblichen Geschäftsprozesse zu verstehen. Berufstypische Geschäftsprozesse bilden somit die Breite des Berufes ab, das Wissen über die betrieblichen Geschäftsprozesse ist aber dennoch Voraussetzung für kaufmännisch-kompetentes Handeln.

Die Extraktion der Handlungsfelder kaufmännischer Tätigkeiten soll an dieser Stelle aus der Analyse der Ordnungsmittel entsprechender Aus- und Fortbildungsberufe erfolgen[39]. Diese umfassen die Hauptbereiche „Kaufmännische Steuerung und Kontrolle" (insbesondere Rechnungswesen) sowie „Absatzwirtschaft" (mit dominierender Subkategorie „Beratung und Verkauf"), „Unternehmerische Rahmenbedingungen und Wertentscheidungen" (vor allem Recht) sowie „Information und Kommunikation" (IT-Anwendungen sowie kommunikative Aspekte). Zudem nimmt „Personalwesen und Personalwirtschaft" eine untergeordnete, wenn auch signifikante Rolle ein.

Für eine Operationalisierung müssen diese Handlungsfelder entlang der Subkategorien weiter aufgeschlüsselt werden. Auch eine Darstellung im Sinne vor- und nachgelagerter Prozesse bzw. Untergliederung in die unterschiedlichen Dispositionsformen (siehe Kapitel 3.1.3.) erscheint sinnvoll. Zuletzt müssen die einzelnen Handlungsfelder durch die Kompetenzdimensionen beruflicher Handlungsfähigkeit detailliert beschrieben werden (vgl. Hensge 2009, S. 15ff.). Diese Arbeitsschritte sind jedoch aufgrund des aktuellen Forschungsstandes nicht möglich. Daher wird das aus den bisherigen Ergebnissen konstruierbare Kompetenzstrukturmodell als Grundgerüst dienen (siehe Abbildung 6).

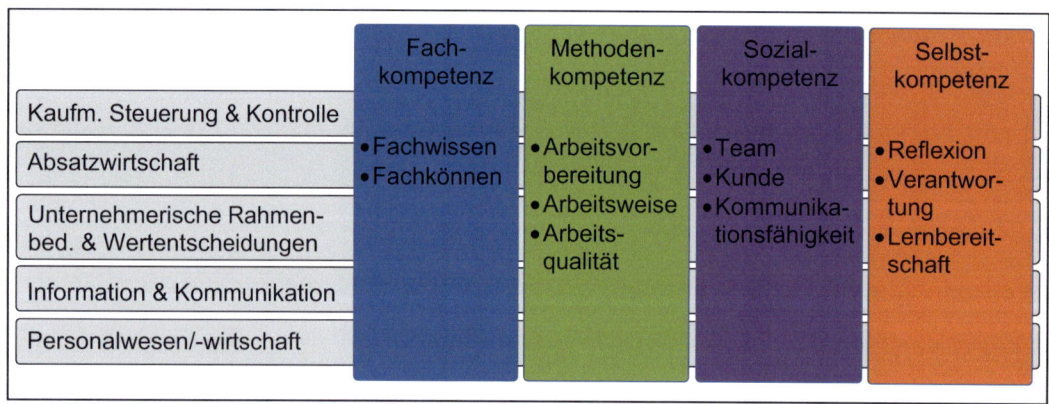

*Abb. 6: Handlungsfelder kaufmännischer Berufsbilder*

---

[39] Die Ergebnisse zur Gewinnung aus Befragungen sachverständiger Experten liegen noch nicht vor (vgl. Lorig et al. 2011, S. 5ff.). Daher wurden die Erkenntnisse erneut mit Resultaten des Projektes GUK ermittelt. Diese stammen aus der Inhaltsanalyse von 55 Ausbildungsberufen. Die Handlungsfelder variieren zwar teilweise stark zwischen einzelnen Berufen. Sie bieten jedoch hohe Ähnlichkeit zu kaufmännischen Kernqualifikationen und sollen als deutlicher Hinweis für gemeinsame Handlungsfelder gewertet werden (vgl. Broetz et al. 2011, S. 17.; Kaiser 2012, S. 172f.).

Zusammen mit dem Leitbild kaufmännischen Denkens und Handelns bildet es den Vergleichsgegenstand für die Analyse der zu untersuchenden Messkonzepte im Hinblick auf die Zielsetzung, inwiefern diese einen Beitrag zur Erforschung kaufmännischer Handlungskompetenzen liefern.

# 4 Anforderungen an die Messung kaufmännischer Handlungskompetenz

Neben der Analyse der zu betrachtenden Messverfahren im Hinblick auf den Beitrag zur beruflichen Kompetenzforschung im kaufmännischen Bereich, sollen die Verfahren im Hinblick auf ihr Vorgehen erfasst werden.

Hierzu sollen in der Folge die wissenschaftlichen Anforderungen an psychometrisch-empirische Messverfahren erarbeitet werden. Die Gegenüberstellung der Tests erfolgt dann im Rahmen eines Untersuchungsrasters, welches sich am Prozess der Kompetenzmessung ausrichtet.

## 4.1 Untersuchungsraster zur Analyse von Messverfahren

Das Kernanliegen der Kompetenzmessung, die Erfassung der Kompetenzen bzw. des Kompetenzprofils von Individuen und Personengruppen, setzt voraus, dass sowohl die Konstruktion des Tests, die Anwendung, Auswertung und Analyse der Testresultate in sich konsistent sind (vgl. Winther 2010, S. 12). Das verlaufstypische Vorgehen bei der Messung von Kompetenzen kann entsprechend wie folgt dargestellt werden (vgl. Rost 1998, S. 42, Pospeschill, S. 35ff.):

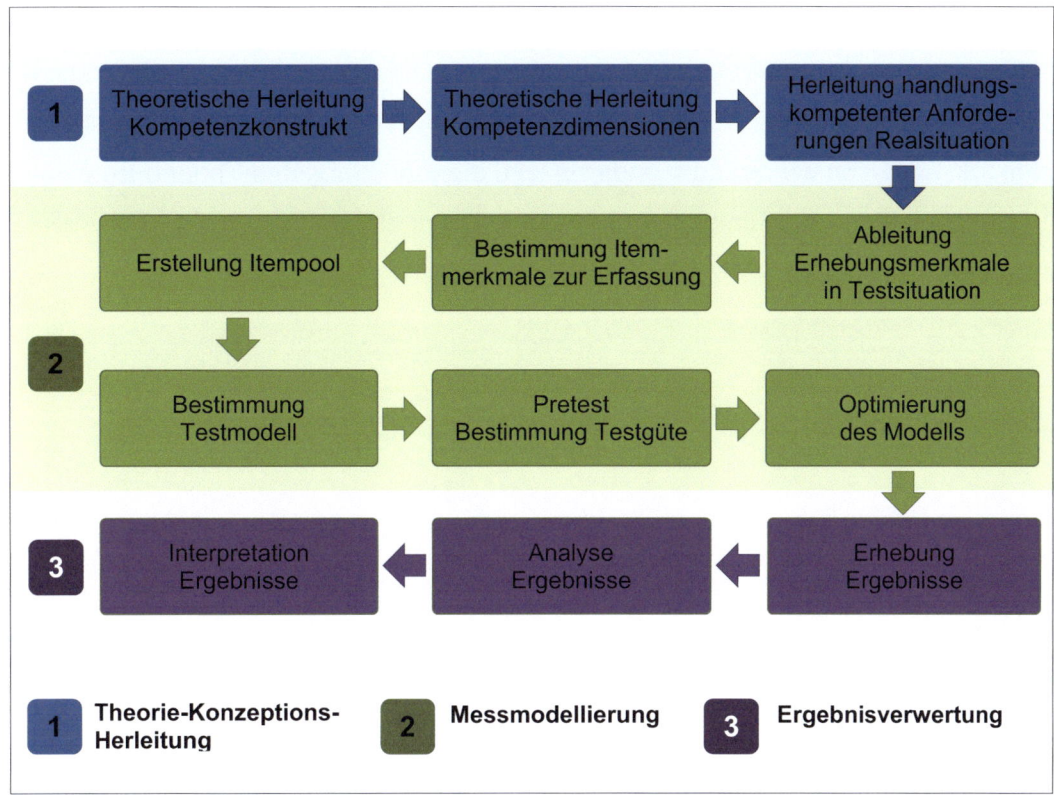

*Abb. 7: Idealtypischer Verlauf von Kompetenzmessungen*

Für die anstehende Untersuchung sollen diese typischen Verfahrensschritte auf drei Hauptebenen[40] aggregiert werden (vgl. Winther 2010, S. 12):

1. Theoretisch-konzeptionelle Herleitung des Kompetenzbegriffes und der Kompetenzmodellierung aus dem Untersuchungsgegenstand
2. Messmodellierung und Instrumentekonstruktion
3. Analyse, Darstellung und Interpretation der Ergebnisse

---

[40] Dabei wurde der Prozessschritt des Ableitens theoretisch-begründenden Antwortverhaltens aus dem Kompetenzkonzept in die Ebene der Messmodellierung integriert.

Dieser Prozess soll als Grundrahmen der Untersuchung dienen und wird durch zwei querliegende Kategorien ergänzt (vgl. Abbildung 8). Dies sind zum einen die Frage nach dem „Beitrag zur Erfassung kaufmännischer Handlungskompetenz", wie sie in Kapitel 3.3. umrissen wurde. Zum anderen wird die Einhaltung des Theorie-Empirie-Grundsatzes in Form der Dimension „Herausforderungen des Forschungsprojektes" einbezogen.

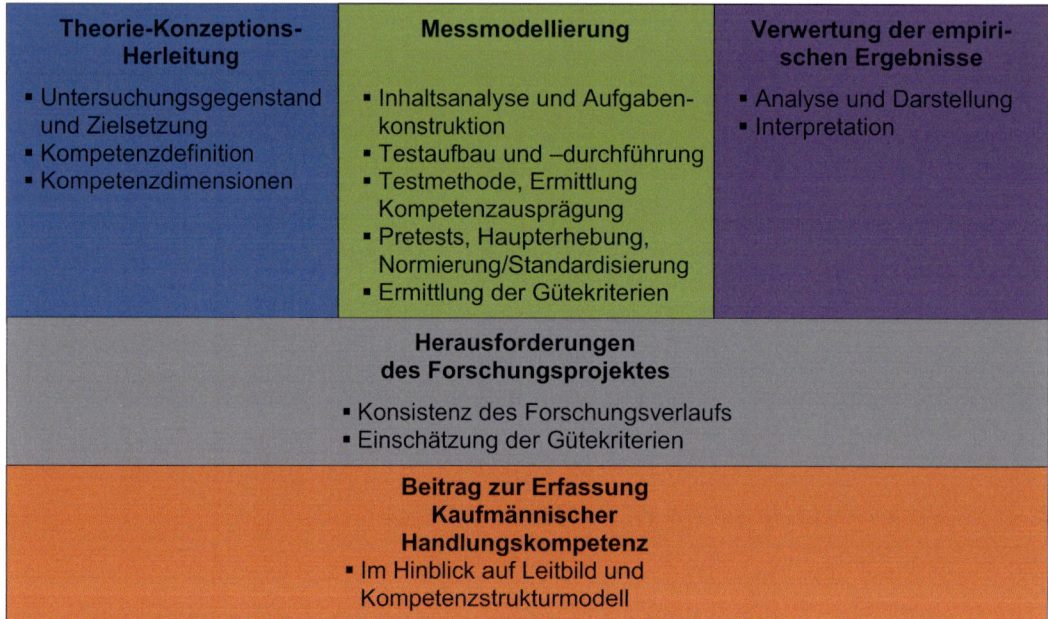

*Abb. 8: Untersuchungsraster zur Analyse der Messverfahren*

Die ersten drei Ebenen des Prozesses sollen dabei als deskriptive Beschreibungen der Verfahren verstanden werden, während die beiden querliegenden Kategorien eine interpretierende bzw. normative Funktion innehaben.


## 4.2 Zur Theorie-Empirie Problematik der empirischen Bildungsforschung

Die Vorgehensweise empirischer Studien zur Erfassung der Kompetenz ist oft nur ungenügend durch eine theoriegeleitete Ausbildung geeigneter psychometrischer Mess- und Analysemethoden geprägt. Dieses Theorie-Empirie-Problem hat zur Folge, dass einige Studien bei genauer Betrachtung nur unzureichend wissenschaftlichen Vorgehensweisen gerecht werden (vgl. Zlatkin-Troitschanskaia/Seidel 2011, S. 218).

Die Erforschung von Kompetenzen im Rahmen empirischer Untersuchungen erfordert eine klare Kopplung der Forschungsschritte (siehe Abbildung 7), die mit der Darstellung des Untersuchungsgegenstandes beginnt. Die theoretische Eingrenzung eines Kompetenzbegriffes[41] und Annahmen, z.B. zu Anforderungen, welche kompetentes Handeln notwendig machen, stellen das realgeprägte Abbild dessen dar, was im nächsten Schritt in ein formales Modell überführt wird. Die theoretische Basis sollte dabei zumindest die interessierenden Verhaltensweisen, die Ziel-population und die relevanten Situationen in ein Bestimmungsverhältnis setzen. Das formale Modell stellt den Zusammenhang zwischen Wahrscheinlichkeiten des Eintretens der Variable Verhalten und Merkmalsvariablen wie Personeneigenschaften bzw. entsprechenden Situationsvariablen her (vgl. Rost 2004, S. 23ff.).

Das Messmodell ermöglicht die quantitative Datengewinnung. Es stellt eine mathematische Relation zu der angenommenen Modellstruktur her (vgl. Winther 2010, S. 133). Insbesondere bei Verwendung „breiter" Kompetenzkonstrukte ist eine Trennung der Subkonzepte bei gleichzeitiger Darstellung der reziproken Interdependenzen und Interaktionseffekte angezeigt. Dies wird in einer Vielzahl von Forschungsvorhaben jedoch nicht umgesetzt (vgl. Zlatkin-Troitschanskaia/Seidel 2011, S. 226ff.).

Die Güte der Ergebnisse und damit auch die Interpretation der Werte, aus welchen z.B. realpolitische Maßnahmen für die Steuerung des Bildungssystems abgeleitet werden, sind dabei gekoppelt an die Repräsentativität des Gemessenen und die tatsächliche Effizienz der verwandten Messinstrumente bezüglich der Abbildung des Untersuchungsgegenstandes.

Die Konsistenz dieser Schritte sowie die Passung einzelner Komponenten sollen daher im Punkt „Herausforderungen des Forschungsprojektes" für die einzelnen Verfahren betrachtet werden (siehe Kapitel 4.1.). Es sollen insbesondere Problem-

---

[41] Zlatkin-Troitschanskaia und Seidel führen bereits bei diesem ersten Schritt an, dass die Erklärung des Kompetenzbegriffs in vielen Fällen kaum begründet und ohne Kopplung an den Untersuchungsgegenstand, verwandt wird (vgl. Zlatkin-Troitschanskaia/Seidel 2011, S. 223).

felder aufgezeigt werden, welche Missverhältnisse der einzelnen Forschungsschritte aufzeigen. Typische Fragestellungen bei dieser Betrachtung sind:

- Werden theoretische Grundlagen aufgezeigt und schlüssige Herleitungen für die Kompetenzdefinition bzw. –dimensionen geliefert?
- Ist das Modell mit den theoretischen Grundannahmen vereinbar?
- Sind Operationalisierung und Itemerstellung theoriegeleitet?
- Werden die Gütekriterien dargestellt und liegen sie im Toleranzbereich?
- Ist die Interpretation der Daten schlüssig?

## 4.3  Messmodellierung und Instrumentekonstruktion

Die vorliegende Arbeit kann nicht im Detail auf die Verfahrensweisen und Prinzipien der Modellbildung und Messinstrumenteentwicklung eingehen. Vielmehr soll ein Überblick über grundlegende Bestandteile und Methoden gegeben werden und die Besonderheiten im Hinblick auf die Erfassung von (Handlungs-) Kompetenzen gegeben werden. Dazu sollen zunächst qualitative Ansprüche an psychometrische Messverfahren und die beiden maßgeblichen Messtheorien dargestellt werden, bevor im Rahmen der Konstruktion von Messinstrumenten auf Fragen der Test- und Itemkonstruktion eingegangen wird.

### 4.3.1 Gütekriterien psychometrischer Tests

Die Qualität von psychometrischen Tests wird über unterschiedliche Kriterien, wie Objektivität, Reliabilität, Validität, Skalierung, Normierung, Testökonomie, Nützlichkeit, Zumutbarkeit, Unverfälschbarkeit und Fairness definiert (vgl. Moosbrugger/Kelava 2012, S. 8). Die drei erstgenannten gelten dabei als Hauptkriterien und sollen hier kurz näher erläutert werden.

a)  Objektivität

Diese liegt vor, wenn das Testergebnis einer Person auf deren Merkmale zurückzuführen und unabhängig von den durchführenden Testpersonen bzw. der Testsituation ist (vgl. Hartig/Jude 2007, S. 19).

Das Objektivitätskriterium wird in den einzelnen Testphasen der Durchführung, Auswertung und Interpretation betrachtet[42]. Als besonders wichtig in Verbindung mit der Kompetenzmessung ist die Phase der Auswertung zu erachten, da die Erfassung komplexer Anforderungssituationen oft offene Aufgabenformate benötigt. Eine Vergleichbarkeit von Ergebnissen setzt dann voraus, dass die beurteilenden Personen übereinstimmende Bewertungskonzepte haben (vgl. ebenda, S. 20). Die Einhaltung der Objektivität kann über eine Standardisierung der Testbedingungen und eine detaillierte Dokumentation erfolgen. Zudem ist eine empirische Überprüfung der Übereinstimmung der Bewertung durch unterschiedliche Testurteiler empfehlenswert (vgl. Moosbrugger/Kelava 2012, S. 10).

b) Reliabilität

Unter Reliabilität wird die Messgenauigkeit eines Tests verstanden. Sie ist gegeben, wenn das zu messende Merkmal ohne zufällige Messfehler erhoben wird (vgl. ebenda, S. 21). Besondere Bedeutung gewinnt sie im Rahmen der klassischen Testtheorie, wo sie durch die Relation der Streuung der „realen" Werte zur Streuung der mit dem Messverfahren tatsächlich gelieferten Werte definiert wird (vgl. Schermelleh-Engel/Werner 2012, S. 120f.). Da die „realen" Werte jedoch nicht vorliegen, kommt es zur empirischen Schätzung des Gütekriteriums anhand verschiedener Methoden[43]:

- Retest-Reliabilität
- Paralleltest-Reliabilität
- Testhalbierungs- Reliabilität
- Interne Konsistenz

c) Validität

Wenn ein Test dahingehend überprüft wird, ob er das Merkmal, welches er untersuchen soll auch tatsächlich misst, so liegt eine Beurteilung der Validität vor. Da dies die Grundlage jeder messverfahrenstechnischen Konzeption bildet, ist es das wichtigste Gütekriterium (vgl. Moosbrugger/Kelava 2012, S. 13). Konstruktvalidität bezieht sich dabei auf die Passung der Annahmen über die funktionalen Zusammen-

---

[42] Für nähere Ausführungen siehe z.B. Moosbrugger/Kelava 2012, S. 9ff.
[43] Für nähere Ausführungen siehe z.B. Schermelleh-Engel /Werner 2012, S. 122ff.

hänge der theoretischen Konstrukte[44] mit den Merkmalsausprägungen. Insbesondere das komplexe und teilweise unerforschte Beziehungsgefüge der Handlungskompetenz erschwert die Zugänglichkeit einer solchen Überprüfung. Bei der Kriteriumsvalidität steht die Möglichkeit der Übertragbarkeit des Testverhaltens auf reale Situationen im Zentrum. Inhaltsvalidität erlangt im Kontext der Kompetenzmessung eine besondere Bedeutung. Sie prüft den Grad der Abbildung des interessierenden Merkmals- bzw. Verhaltensbereichs durch den Test. Sie kann bspw. durch Expertenurteile erfolgen (vgl. Hartig/Jude 2007, S. 23).

## 4.3.2 Messtheoretische Grundlagen

Die Güte der Messverfahren ist entsprechend abhängig von Bedingungen wie der Testsituation, der Stichprobe und den grundlegenden Modellierungsgedanken. Modelle zur Messung von Kompetenzen beschreiben die Zusammenhänge des zu testenden Merkmals der Kompetenz[45] mit den beobachtbaren Variablen des Testverhaltens der untersuchten Personen. Die Quantifizierung der Merkmalsausprägungen und funktionalen Beziehungen orientieren sich dabei an mathematischen Regeln – dies ist der Grundgedanke jeder Messung. Diese Gesetzmäßigkeiten werden im Rahmen zweier unterschiedlicher Messtheorien formuliert (vgl. Winther 2010, S. 120).

a) Klassische Testtheorie (KTT)

Die Grundkonzeption der KTT basiert auf dem Prinzip, dass sich Messwerte aus einem „realen" Wert und einem zufälligen Messfehler zusammensetzen (vgl. Moosbrugger 2012a, S. 105; Winther 2011, S. 129). Es wird ein deterministischer Zusammenhang zwischen dem Testverhalten und der zu messenden Kompetenz angenommen (vgl. Bühner 2011, S. 53). Weitere Axiome bilden die uniforme Normalverteilung der Messfehler mit einem Erwartungswert von Null sowie die Unkorreliertheit der Messfehler mit weiteren Variablen (vgl. Moosbrugger 2012b, S.

---

[44] Diese werden in nomologischen Netzwerken abgebildet – diese stellen die Gesamtheit der auf theoretischer Ebene angenommenen Beziehungen der Konstrukte dar.
[45] Wird der Beschreibung der Unterschiede von Personen hinsichtlich ihrer Kompetenz durch eine latente Variable zusammengefasst, so handelt es sich um eindimensionale Modelle. Darüber hinaus existieren auch mehrdimensionale Modelle, die imstande sind, die unterschiedlichen Verhaltensweisen im Test durch differenzierte Teilkompetenzen zu erfassen (vgl. Hartig/Jude 2007, S. 33).

104f.). Die Schätzung des „realen" Wertes erfolgt durch Aggregation der Messwerte über die unterschiedlichen Items eines Tests[46]. Durch diesen Vorgang kommt es auch zur Neutralisierung des Zufallsfehlers (vgl. Pospeschill 2010, S. 101). Die klassische Testtheorie besticht durch ihre Einfachheit und die damit zusammenhängende Ökonomie. Darüber hinaus gestattet sie die Bestimmung der Messqualität mittels des Kriteriums der Reliabilität[47].

Als nachteilig in Bezug auf die Kompetenzmessung ist zu betrachten, dass der Messung nur ein einziges quantitatives Merkmal zugrunde liegt. Insbesondere bei Konstrukten, die aus multiplen Subkompetenzen bestehen, stößt die Theorie an ihre Grenzen (vgl. Hartig/Jude 2007, S. 21). Sie weist Schwächen bezüglich der Skalierung und Konstruktvalidität auf, zudem sind Itemschwierigkeiten, -trennschärfen und Reliabilität abhängig von der Stichprobe, was eine Generalisierung der Testwerte erschwert (vgl. Moosbrugger 2012a, S. 115). Mithilfe der Item-Response-Theorie ist es möglich, diese Unzulänglichkeiten zu überwinden.

b) Item-Response-Theorie (IRT)

Im Unterschied zur KTT werden die Verhaltensausprägungen der Testpersonen nicht als direkte Repräsentation, sondern lediglich als Indikator[48] der latenten Variable angenommen (vgl. Bühner 2011, S. 494). Im Fall der Kompetenzmessung wird aus der Lösung einzelner Items als beobachtbares Verhalten auf die Existenz von (Teil-)kompetenzen rückgeschlossen. Die Messung erfolgt somit indirekt (vgl. Pospeschill 2010, S. 114f.).

Die Variablen stehen dabei in einem wahrscheinlichkeitsfunktionalen Zusammenhang, weswegen die IRT auch als probabilistische Messtheorie bezeichnet wird (vgl. Kubinger 1989, S. 21). Das Grundprinzip ist, dass bei Vorliegen einer Abhängigkeit der latenten von den manifesten Variablen des Antwortverhaltens, eine hohe Korrelation zwischen den zugrundeliegenden manifesten Variablen erwartbar ist. Als Haupt-

---

[46] Durch die Herleitung des wahren Wertes aus messfehlerbehafteten Messungen wird die Theorie auch als „Messfehler-Theorie" bezeichnet (vgl. Pospeschill 2010, S. 101).
[47] Je größer der Standardfehler ist, desto geringer ist die Reliabilität des Tests. Über die Berechnung von Konfidenzintervallen können die geschätzten Werte mit einer bestimmten Wahrscheinlichkeit in einen „Toleranzbereich" eingeordnet werden (vgl. Moosbrugger 2012a, S. 113). Dies macht es möglich, unterschiedliche Testinstrumente bzgl. der Messgenauigkeit eines Merkmals zu vergleichen bzw. über Standards Mindestkriterien für Tests festzulegen.
[48] Sie werden als manifeste Variablen bezeichnet.

voraussetzung gilt hierfür die Itemhomogenität[49] – die Ursächlichkeit des Antwortver-haltens basiert ausschließlich auf der latenten Variable (vgl. Moosbrugger 2012b, S. 228f.).

Das Antwortverhalten ist dabei determiniert durch Itemschwierigkeiten und Perso-nenparameter, welche sich auf einer gemeinsamen Skala lokalisieren lassen. Hier-durch ist es möglich, kriteriumsorientierte Testwertinterpretationen vorzunehmen (siehe Kapitel 3.2.2.). Trotz unterschiedlich bearbeiteter Items bzw. Itemmengen[50] durch Testpersonen, lassen sich die resultierenden Testwerte somit auf einer ge-meinsamen Skala bestimmen (vgl. Hartig 2007, S. 83). Darüber hinaus lässt sich die Stichprobenunabhängigkeit realisieren, da die Itemschwierigkeiten losgelöst von den Testpersonen berechnet werden (vgl. Pospeschill 2010, S. 120).

Die Separierbarkeit von Item- und Personenparameter ermöglicht zudem die empiri-sche Überprüfung der IRT-Modelle in Bezug auf Skalierung, Konstruktvalidität sowie Item- und Personenhomogenität. Sie sind damit imstande die Grenzen der KTT zu überwinden (vgl. Moosbrugger 2012b, S. 253).

Als problematisch zu betrachten ist im Hinblick auf die Messung von Handlungskom-petenz, die Notwendigkeit berufsrealer und daher komplexer Testitems. Eine Tes-tung lässt sich aus Zeitgründen pro Testperson nur anhand weniger Items realisie-ren, was wiederum mit Skalierungsschwierigkeiten der IRT-Modelle verbunden ist. Auch die Konstruktion unabhängiger Testitems gestaltet sich in diesem Zusammen-hang als kompliziert (vgl. Winther 2011, S. 129).

Zusammenfassend kann konstatiert werden, dass die KTT somit die Existenz vor-handener Messwerte voraussetzt und die latente Variable direkt an diese knüpft. Eine Überprüfung der Modellannahmen ist dabei nur teilweise möglich, insbesondere die zentralen Axiome lassen sich empirisch nicht absichern. Die IRT hingegen berechnet Messwerte aus Wahrscheinlichkeitsannahmen bezüglich der indirekten Beziehung zwischen latenten und manifesten Variablen und bietet damit eine Ergän-zung zur KTT (vgl. Rost 2004, S. 10).

---

[49] Für diese wiederum lokale stochastische Unabhängigkeit vorausgesetzt wird. Sie liegt vor wenn die Korrelationen zwischen den Antwortvariablen verschwinden - bei Konstanthalten der latenten Variable auf einen Wert bzw. eine Stufe (vgl. Pospeschill 2010, S. 116f.).
[50] Hierfür wird in der Regel das Matrix-Design angewandt, bei welchem jeder Schüler bzw. Schüler-gruppen nur bestimmte Teile eines Tests bearbeiten (vgl. Hartig 2007, S. 13).

Die Zielsetzung, Testparameter und Anforderungen einzelner Forschungsvorhaben sind dabei maßgeblich für die anzuwendenden Testtheorien im Rahmen der einzelnen Forschungsschritte (vgl. Winther 2011, S. 14).

### 4.3.3 Entwicklung von Messinstrumenten

Die Messung von Kompetenzen kann über unterschiedliche Assessmentmethoden wie Selbstbewertungen, Simulation von Handlungsprozessen oder der Bewertung in Praxissituationen erfolgen. Die Daten hierfür lassen sich in Form von Experimenten, Befragungen, Gruppendiskussionen, Boabachtungen etc. ermitteln (vgl. Grollmann/Jude 2008, S. 145). Die vorliegende Untersuchung widmet sich Testverfahren, welche Leistungen durch schriftliche bzw. computergestützte Techniken messen. Diese Leistungstests zeichnen sich dadurch aus, dass Personen durch Anwendung individueller Fähigkeiten und Wissensbestände die dort vorgegebenen Probleme lösen müssen[51] (vgl. Rost 1998, S. 44f.).

Dabei kommen im Rahmen der Testerstellung meist iterative Wege zum Einsatz, die sich aus induktiven, deduktiven Konstruktionen und Methoden des Kriteriumssampling zusammensetzen (vgl. Hartig/Jude 2007, S. 26ff.; Tramm/Seeber 2006, S. 5). In diesem Zusammenhang sollen einige Fragen der Testkonstruktion detaillierter beleuchtet werden.

a) Domänenspezifikation und Inhaltsanalyse

Im Mittelpunkt der Konstruktion von Testinstrumenten steht die Frage, wie sich Aufgabeninhalte generieren lassen. Der Konstruktionsprozess ist dabei eng gebunden an die Ausgestaltung der Domäne, in welcher sich berufliches Handeln vollzieht. Anders als in der Allgemeinbildung sind diese nicht über Fächer abgrenzbar, sondern müssen durch berufliche Handlungsfelder und Problemsituationen definiert werden (siehe 2.3.). Innerhalb dieser gilt es zu identifizieren, welche Leistungen im Rahmen der Anforderungssituationen zum Einsatz kommen (vgl. Tramm/Seeber 2006. S. 4). Diese sind durch externe Validierungskriterien bestimmbar. Denkbar sind hier Ausbildungsordnungen, Qualifikationsanforderungen oder Expertenurteile (siehe Kapitel 3.1.2.).

---

[51] Hierbei kann zwischen Speed- und Powertests unterschieden werden. Ersterer kennzeichnet die Erfassung der Qualität und Geschwindigkeit, mit denen die Testpersonen Aufgaben bewältigen, letztere messen ausschließlich die Qualität der gelösten Aufgaben (vgl. Rost 1998, S. 45).

Eine inhaltliche Eingrenzung, der den Leistungen zugrundeliegenden Teildimensionen von Kompetenz, wie z.B. kognitive Fähigkeiten bzw. Wissensbestände, ist entsprechend gebunden an diese Quellen[52] kriteriumsorientierter Diagnostik. Der Untersuchungsgegenstand und das theoretische Kompetenzverständnis sollten sich in den verwandten „Kriterienkatalogen" wiederfinden. [53]

Eine Ableitung von Testitems kann beispielsweise auf der Basis repräsentativer Verhaltensweisen im Arbeitsumfeld erfolgen.[54] Die Gewinnung bzw. inhaltliche Ausgestaltung der Aufgaben kann zudem im Umfeld der beruflichen bzw. schulischen Lernorte erfolgen mithilfe von:

- Arbeitsprozessbeschreibungen[55]
- Geschäftsprozessbeschreibungen
- Curricula bzw. Unterrichtsplänen
- Ausbildungsordnungen
- Arbeitsmaterialien wie Handbücher etc.
- Unterrichtsmaterialien wie Schulbücher etc.

b) Aufgaben- und Itemkonstruktion sowie Antwortformate

Aufgaben bilden in modernen Tests oft den situativen Rahmen mehrerer Items. Sie sind gekennzeichnet durch einen Aufgabenstimulus, welcher durch Informationen wie Text, Grafiken, Tabellen etc. die Ausgangssituation des zu lösenden Problems determiniert. Sie beinhalten Kriterien, welche durch die Testpersonen identifiziert und für die Lösung der anschließenden Items notwendig sind (vgl. Haasler/Rauner 2009, S. 466). Bei der Testung von Handlungskompetenz steht das Situationsprinzip im Zentrum. Bei der Formulierung von Aufgaben kommt es darauf an, dass diese die Inhaltsstruktur der dahinterliegenden Handlungsfelder von Domänen korrekt abbilden. Reetz unterscheidet in diesem Zusammenhang zwischen „echten" und „unechten" Situationsaufgaben, wobei sich erstere durch Problem- und Realitätsbezug

---

[52] In diesem Zusammenhang sei auf die Inkompatibilität der Ordnungsmittel in Bezug auf die Formulierung des Konstrukts der Handlungskompetenz verwiesen (vgl. Breuer 2005, S. 11ff.).
[53] Maßgeblich sind in diesem Kontext Fragen nach dem Zeitpunkt der Erfassung im Rahmen der Berufsausbildung. Entsprechend können eher Lehr-Lernkontexte am Anfang bzw. arbeitsmarktrelevante Qualifikationsaspekte am Ende der Ausbildung von größerem Interesse sein.
[54] Diese Vorgehensweise wird im Rahmen des Kriteriumsampling vollzogen (vgl. Hartig/Jude 2007, S. 28).
[55] So lassen sich Kompetenzen z.B. mithilfe der DACUM-Methode ermitteln (vgl. Edelmann/Tippelt 2008, S. 135).

sowie Handlungsorientierung auszeichnen und an das Erfahrungswissen der Test-personen anknüpfen (vgl. Reetz 2005, S. 3ff.).

Items können in Aufgaben eingebettet sein, sie bilden die kleinste Testeinheit und sind mit entsprechenden Antwortmöglichkeiten versehen. [56] Sie werden mit einem Stimulus eingeleitet, der ebenfalls spezifische Informationen zur Ausgangssituation sowie die entsprechende Fragestellung nebst Operator enthält.

Die Antwortformate werden typischerweise in offene, freie Antwortmöglichkeiten sowie geschlossene, vorgegebene Lösungsräume unterteilt (vgl. Pospeschill, S. 45ff.) Einen Vergleich der Formate sowie Beispiele bietet Abbildung 9.

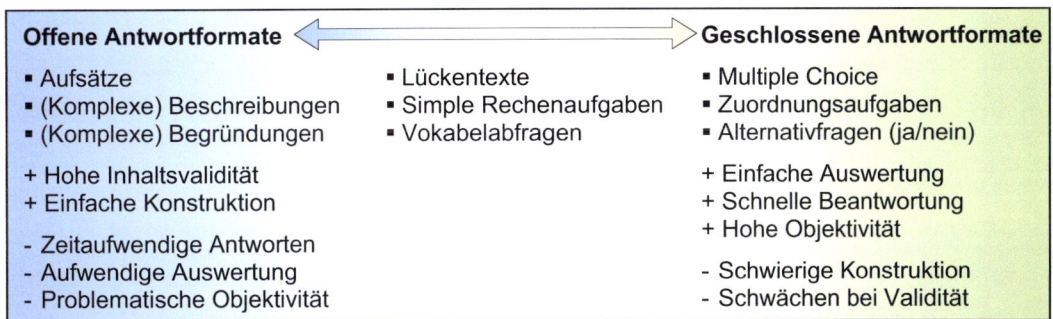

*Abb. 9: Kontinuum offener und geschlossener Antwortformate für Kompetenztests in Anlehnung an Hartig/Jude 2007, S. 30.*

Im Rahmen der Kompetenzmessung offenbart sich in diesem Zusammenhang das Problem, dass geschlossene Antworten zwar testökonomisch und im Hinblick auf die Auswertungsobjektivität Vorteile bieten, allerdings in nur begrenztem Maße in der Lage sind, die Komplexität des Problemlösungsverhaltens realer Situationen zu simulieren (vgl. Hartig/Jude 2007, S: 30). Daher spricht sich eine Vielzahl von Autoren für die Verwendung offener Aufgabenformate bei der Testung komplexer Kompetenzkonstrukte aus (vgl. Rost 2008, S. 63; Seeber et al. 2010, S. 6; Haas-ler/Rauner 2009, S. 466).

c) Schwierigkeitsbestimmende Aufgabenmerkmale

Die Bestimmung schwierigkeitsrelevanter Merkmale zur Nutzung für die Itemkon-struktion hat den Vorteil, dass sich diese systematischer und hypothesengeleitet

---

[56] Dieses Verfahren wird als Szenariotechnik bezeichnet, bei der mehrere Items sich auf ein Szenario beziehen, in diesem jedoch unterschiedliche Problemlösungen abgefragt werden (vgl. Rost 2008, S. 63).

gestaltet (vgl. Hartig 2007, S. 98) und aus der Herleitung aus dem Kompetenzkonstrukt dem Theorie-Empirie-Grundsatz entspricht. [57]

Mit Einsatz der IRT (siehe Kapitel 4.2.2.) und einer Beschreibung der Aufgaben durch a priori festgelegte schwierigkeitsbestimmende Aufgabenmerkmale, ist eine generalisierende Beschreibung des Kompetenzkonstruktes, unabhängig von den konkreten Testaufgaben, leichter (vgl. Moosbrugger 2012b, S. 262).

Die Festlegung dieser anforderungsrelevanten Aufgabenmerkmale setzt ein theoriegeleitetes Vorgehen voraus, bei welchem, die für die Lösung der Aufgaben relevanten, Prozesse hinterfragt werden (vgl. Hartig/Klieme 2006, S. 132). Dies kann in Form einer formalen Analyse der semantischen bzw. formalen Struktur der Aufgaben erfolgen. Hierbei werden Eigenschaften des Aufgabenmaterials betrachtet, wobei die Relevanz dieser Merkmale in Bezug auf das Lösungsverhalten von Testpersonen eher uneinheitlich ist. [58]

Von größerer Bedeutung sind inhaltbezogene Analysen und entsprechende Aufgabenmerkmale, welche hauptsächlich auf den Problemlösungsprozess abzielen. Beispielhaft seien insbesondere folgende Merkmale aufgeführt:[59]

- Kognitives Anforderungsniveau (siehe Kapitel 3.1.3.)
- Wissensarten (siehe Kapitel 3.1.3.)
- Vertrautheit der Inhalte
- Inhaltliche Komplexität
- Offenheit der Lösungswege und Lösungen

Die Herleitung entsprechender Merkmale, in Bezug auf das zu untersuchende Kompetenzkonstrukt, ist dabei gebunden an die vorher definierte theoretische Konzeption der Struktur und der Zusammenhänge des Konstrukts mit entsprechenden Anforderungssituationen (vgl. Hartig 2007, S. 98).

---

[57] Der weitere Vorteil liegt in der Verallgemeinerung der Aussagen der Testergebnisse, dem Einsatz bei der kriterienorientierten Interpretation (siehe Kapitel 3.2.2.) der Testwerte und in einer späteren Verwendung der konzeptionellen Gestaltung der Aufgaben bei weiteren Tests (vgl. Hartig 2007, S. 97f.).
[58] Aus diesem Grund werden diese Merkmale, insbesondere Aufgabenformate, im Rahmen von Tests eher gezielt variiert bzw. konstant gehalten (vgl. Schumann/Eberle 2011, S. 79).
[59] Für einen ausführlicheren Überblick aktueller Forschungsergebnisse siehe ebenda, S. 79f.

## 4.4 Dokumentation und Interpretation der Ergebnisse

Die wissenschaftliche Aufbereitung der Messung von Personenmerkmalen wie z.B. Kompetenz erfordert dabei mehr als die quantitative Darstellung der Messergebnisse. Der letzte Schritt von Kompetenzmessungen beinhaltet daher die Art der Präsentation der Ergebnisse. Die Resultate sollten Rückschluss auf den Untersuchungsgegenstand ermöglichen und in Form informationsaggregierender bzw. veranschaulichender Darstellungen vorliegen. Hierbei sind Tabellen, Diagramme, Histogramme und die Verdichtung von Leistungswerten in statistischen Kenngrößen wie Lage- oder Streumaßen denkbar.

Zudem sind im Zuge der Dokumentation relevante Aussagen im Hinblick auf die Testevaluation darzustellen. Eine solche post-hoc Überprüfung sollte beispielsweise folgende Elemente einschließen (vgl. Popeschill 2010, S. 73):

- Analyse der Itemschwierigkeiten
- Bestimmung von Itemvarianzen und Trennschärfeanalysen
- Überprüfung der Gütekriterien
- Bestätigung der Modellannahmen (z.B. Modelldimensionen)

Eine Interpretation der Daten sollte einen direkten Bezug zum vorher umrissenen Untersuchungsgegenstand und den skizzierten Projektzielsetzungen aufweisen. Ein konsistentes Vorgehen verlangt nach der Kennzeichnung erwartungswidriger Ergebnisse und dem Aufzeigen möglicher Ursachen für deren Auftreten, z.B. aufgrund falscher Konstruktannahmen oder Fehlern bei der Operationalisierung und Messung. Zudem sollten die Resultate bezüglich der Übereinstimmung mit ähnlichen Studien oder angrenzenden Forschungsgebieten reflektiert werden.

Von besonderem Interesse sind im Zusammenhang mit der Kompetenzmessung die Berechnung und Interpretation von Kompetenzniveaus. Vor allem im Hinblick auf die Ausdifferenzierung der Teilkonstrukte der Handlungskompetenz ist es von Bedeutung, ob Aussagen ausschließlich im Vergleich zu anderen Individuen getroffen werden können, oder ob eine tatsächlich kriteriale Interpretation vorliegt (siehe Kapitel 3.2.2.).

# 5 Analyse der Messverfahren

Das Untersuchungsraster (siehe Abbildung 8) ist die Basis der Analyse der vier Verfahren. Es dient dem Zweck einer standardisierten, kriterienorientierten Vorgehensweise, welcher aufgrund unterschiedlicher Informationslagen[60] bzw. Ausrichtungen der Tests jedoch nicht immer vollständig nachgegangen werden kann.

## 5.1 Wirtschaftskundlicher Bildungstest (WBT)

Der wirtschaftskundliche Bildungstest ist das erste psychometrische Verfahren zur Messung wirtschaftlicher Fähigkeiten im deutschen Raum. Er wurde Anfang der 1990er Jahre auf Basis des Deutsche Forschungsgemeinschaft (DFG) - Projektes „Wirtschaftskundlicher Bildung-Test (WBT). Normierung und internationaler Vergleich" entwickelt und stellt die deutschsprachige Adaption des „Test of Economic Literacy" (TEL[61]) dar. Dieser wurde in den USA bereits in den 1980er Jahren konzipiert und durchgeführt (vgl. Beck 1993, S. 14; Beck/Krumm/Dubs 1998, S. 7). Die amerikanische Version wurde dabei übersetzt und normiert (vgl. Macha/Schuhen 2012, S. 184).

### 5.1.1 Theorie-Konzeptions-Herleitung

a) Untersuchungsgegenstand und Zielsetzung

Der WBT widmet sich der „Bestimmung eines Maßes für den Fähigkeitsbereich ‚ökonomisches Wissen und Denken'" (Beck/Krumm/Dubs 1998, S. 8).Er zielt dabei insbesondere auf die Erhebung wirtschaftskundlicher Grundfähigkeiten zur Anwendung in folgenden Bereichen ab (vgl. Beck 1993, S. 12f.):

- Schulleistungsdiagnostik: Lernstands und -entwicklungsmessung
- Berufsberatung: Eignungsprüfung für kaufmännisch-verwaltende Berufe

---

[60] So liegen beispielsweise nur für den WBT die tatsächlichen Testunterlagen vor.
[61] Dieses Messverfahren zur Erfassung ökonomischer Literalität von High School Schülern liegt mittlerweile in der dritten Auflage vor. Zudem existieren weitere zielgruppenspezifische Testverfahren für Grundschüler (BET), Junior High School Schüler(innen) (TEK) sowie Student(inn)en (TUCE) (vgl. Macha/Schuhen 2012, S. 185).

- Betriebliche Personalführung: personale Auslese und Entwicklung
- Vergleichende Bildungsforschung

Der WBT wurde vor allem als Diagnoseinstrument für Lehrer(innen) bzw. Ausbilder(innen) konzipiert (vgl. ebenda, S. 66).

b) Kompetenzdefinition

Die Konstruktion des Tests basiert auf dem Konstrukt wirtschaftskundlicher Kompetenz. Dieses „bezeichnet eine ökonomiebezogene Grundfähigkeit, die analog zur Intelligenz von Person zu Person und auch innerhalb einer Person (im Rahmen ihrer Entwicklung) zu verschiedenen Zeitpunkten unterschiedliche Ausprägungen aufweisen kann." (ebenda, S. 10) Das Konstrukt wird als inhaltsspezifisch auf den Bereich ökonomiebezogener Sachverhalte begrenzte, generalistische und situationsinvariante kognitive Leistungsfähigkeit verstanden (vgl. ebenda, S. 11).

c) Kompetenzdimensionen

Die funktional begründeten Facetten sind bestimmt durch das kognitive Potential (siehe Kapitel 3.1.3.) und teilen sich in eine Bestandskomponente der Wissensbasis und eine Prozesskomponente ökonomiespezifischer Denkleistungen auf. Das relevante Wissen ist auf ökonomische Sachverhalte beschränkt und wird inhaltlich ausdifferenziert (siehe Kapitel 5.1.2.). Die kognitiven Prozeduren werden durch die komplexitätsansteigenden Stufen Wissen, Verstehen, Anwenden, Analyse und Evaluation in Anlehnung an die Bloom'schen Taxonomien unterschieden (vgl. ebenda, S. 10ff.). [62] Das Konstrukt kann somit als eindimensional bezeichnet werden, wobei sich diese in einen Inhalts- und einen Kognitionsbereich zerlegen lässt.

## 5.1.2 Messmodellierung

a) Inhaltsanalyse und Aufgabenkonstruktion

Die Inhaltsbereiche des Tests entsprechen der zweiten Ausgabe des TEL, welche sich wiederum am amerikanischen Master Curriculum Guide orientiert. [63] Die Inhalte

---

[62] Dabei wird auf die fünfte Stufe der Synthese in Anlehnung an das Verfahren des TEL verzichtet (vgl. Beck/Krumm/Dubs 1998, S. 17; Soper/Walstadt 1987, S. 5).
[63] Dieser wurde für das Joint Council of Economic Education entwickelt und sieht die Vermittlung wirtschaftlicher Grundkenntnisse im gesamten amerikanischen Bildungssystem vor. Er gibt Hinweise

integrieren ein breites, allgemeines Spektrum ökonomischer Kompetenz vom Ju-
gend- bis Erwachsenenalter in vier Hauptkomplexen (vgl. ebenda, S. 14):

- Grundlagen bzw. Fundamentalkonzepte (6 Unterthemen)

- Mikroökonomie (6 Unterthemen)

- Makroökonomie (7 Unterthemen)

- Internationale Beziehungen (3 Unterthemen)

Eine Expertenkommission konstruierte die Aufgaben des TEL entsprechend der
inhaltlichen Grundvorgaben und zielte dabei auf eine Berücksichtigung der
Bloom'schen Kognitionsstufen ab (vgl. ebenda; Soper 1979, S. 5f.). Die Aufgaben
bestehen ausnahmslos aus geschlossenen Formaten des Multiple-Choice Typs mit
vier Antwortmöglichkeiten (A-D). Sie bestehen größtenteils aus kurzen Fragen mit
meist ebenso kurz ausfallenden Antwortoptionen.

b) Testaufbau und -durchführung

Der Test besteht aus zwei parallelen Testformen mit je 46 Items, die bezüglich der
Verteilung der kognitiven Stufen in etwa die gleichen Ausprägungen besitzen:

| Kognitive Stufe[62] | I | II | III | IV | VI | Fragen |
|---|---|---|---|---|---|---|
| Testform A | 8 | 13 | 19 | 11 | 4 | 46 |
| Testform B | 8 | 14 | 10 | 10 | 4 | 46 |

*Tab. 1: Verteilung der kognitiven Stufen in Testform A, B*

15 Ankeritems, welche in jeder Testform identisch sind, bilden die Basis der Vergleichbarkeit der beiden Testhefte. Der Test ist als Powertest ausgelegt (siehe
Kapitel 4.3.3.). Die Testmaterialien beinhalten die Testbögen und eine Handreichung,
welche Testanweisungen zur standardisierten Abfolge der Messungen enthält.
Lösungshinweise und -schablonen sowie Anmerkungen zur Interpretation gestatten
eine einfache Auswertung (vgl. Beck/Krumm/Dubs 1998, S. 9ff.).

---

zum Lehr-Lern-Prozess ökonomischer Sachverhalte und bietet Erläuterungen zur Ausgestaltung von
Curricula und Unterrichtsstunden in der amerikanischen High School (vgl. Soper 1979, S. 5).

48

## c) Testmethode und Ermittlung der Kompetenzausprägung

Beim WBT kommt fast ausschließlich die KTT zum Einsatz.[64] Die Bestimmung der Kompetenzausprägung erfolgt auf Basis der Summation der Rohwertpunkte (RWP), unter Berücksichtigung des Standardfehlers.[65] Ein RWP ist äquivalent einer richtigen Antwort[66]. Die Beurteilung der wirtschaftskundlichen Kompetenz kann dabei differenziert über die Inhaltskomponente und die kognitiven Bereiche betrachtet werden (vgl. Sczesny/Lüdecke 1998, S. 405). Individuelle bzw. gruppenakkumulierte Auswertungen sollten auf Empfehlung von Beck und Krumm auf Basis sozialer Bezugsnormen erfolgen (vgl. Beck 1993, S. 13ff.). Neben der Bildung von Prozenträngen im Rahmen individueller Stichproben bieten die Testmaterialien für die Auswertung der Ergebnisse eine Übersicht mit Eichstichproben unterschiedlicher Bildungsgänge als Bezugsnorm (vgl. ebenda, S. 57).

## d) Pretests, Haupterhebung und Normierung/Standardisierung

Die Pilotierung umfasste eine deutsch-österreichisch-schweizerische Stichprobe von insgesamt 782 Schüler(inne)n berufsbildender Schulen sowie Student(inn)en. Insbesondere die Überprüfung der Reliabilität (z.B. interne Konsistenz) und der Vergleich mit dem TEL[67] standen im Zentrum der Betrachtung. Inhalts- und Konstruktvalidität wurden zudem bereits im Rahmen des TEL überprüft. [68] Beim Pretest standen Übersetzungsschwierigkeiten und kulturelle Besonderheiten, in Bezug auf die Aufgabenverständlichkeit, im Mittelpunkt. Diese wurden im Rahmen der gesonderten Überprüfung der Inhaltsvalidität durch Befragung von Hochschul- und Berufsschullehrer(inne)n kontrolliert[69]. Mithilfe weiterer Statistiken wurden missverständlich

---

[64] Die Bestimmung von Schwierigkeitsindizes mit der IRT soll vernachlässigt werden, da sie keinen maßgeblichen Einfluss auf die Ergebnisse des WBT zu haben scheint (vgl. Beck 1993, S. 21f.).
[65] Beck und Krumm empfehlen die Berücksichtigung von Konfidenzintervallen zur Lösungsinterpretation. Dieses beträgt +/- 6 Rohwertpunkte bei 5% Irrtumswahrscheinlichkeit (vgl. ebenda, S. 13).
[66] Für einen Vergleich von Gruppen bzw. Individuen soll zudem die leicht unterschiedliche Leistungsäquivalenz der RWP der beiden Formen berücksichtigt werden (vgl. Beck 1993, S. 12).
[67] Grundlage der Komparation waren Korrelations- und Diskriminanzwerte sowie zentrale statistische Kennzahlen, wie z.B. Standardmessfehler.
[68] Bezüglich der Inhaltsvalidität überprüfte ein Expertengremium die Passung der Aufgaben bezüglich der im Master Curriculum Guide aufgeführten Inhaltsbereiche und Zielsetzungen. Zudem erfolgte die Bewertung der Konstruktvalidität mit Verweis auf die Zuordnung der Bloom'schen Taxonomien zu den entsprechenden Aufgaben und die Abdeckung der inhaltlichen Bereiche. Eine Faktorenanalyse bestätigte zudem die einfaktorielle Lösung zugunsten des Konstrukts „ökonomisches Wissen und Denken", wie es bereits beim TEL festgestellt wurde (vgl. ebenda, S. 22f.).
[69] So ergab sich eine positive Wertung des WBT in Bezug auf die Messung wirtschaftlicher Grundfähigkeiten. Dennoch variierten die Urteile von Aufgabe zu Aufgabe bezüglich ihrer Eignung stark.

formulierte Aufgaben identifiziert und in Abhängigkeit von der Art des Lösungs-raums[70] abgeändert.

Der optimierte Aufgabenpool war Grundlage der anschließenden Normierung. Diese basiert auf einer Zufallsstichprobe[71] von mehr als 9000 Schüler(inne)n[72] sowie Auszubildend(inn)en[73] aus vier Bundesländern[74] (vgl. ebenda, S. 46).

e) Ermittlung der Gütekriterien

Der Test wird von Beck als durchführungs- und auswertungsobjektiv angegeben (vgl. ebenda, S. 47). Die Rücklaufquote innerhalb der Stichprobe lag länderübergreifend bei durchschnittlich 51 % (vgl. ebenda, S. 35).

Für die Gütekriterien der finalen Endfassung im Rahmen der Normierungsstichprobe stehen folgende Daten zur Verfügung:

| | Art | Form A | Form B | Anzahl |
|---|---|---|---|---|
| **Reliabilität** | **Interne Konsistenz** | $r_{tt} = 0,83$ | $r_{tt} = 0,82$ | 3.666(A), 3.545(B) |
| | **Retest** | $r_{tt} = 0,87$ | $r_{tt} = 0,85$ | 14(A), 15(B) |
| | **Paralleltest** | $r_{tt} = 0,85$ | $r_{tt} = 0,62$ | 15 (A), 15(B) |
| **Validität** | **Inhalts- und Konstruktvalidität** nach Expertenurteilen mit durchschnitt-licher Itembeurteilung mit Noten 1-5:<br>Form A = 2,4 (St.abw. = 0,58) Form B = 2,3 (St.abw. = 0,47)<br>**Kriteriumsvalidität** nach Schulnoten: r = 0,34 | | | |

*Tab. 2: Zusammenfassender Überblick über Gütekriterien des WBT*
*aus: Beck 1993, S. 47.*

## 5.1.3 Verwertung der empirischen Ergebnisse und Befunde

a) Analyse und Darstellung

Die Analyse der Daten erfolgte mittels klassischer testtheoretischer Ansätze. Hierbei wurden die Leistungswerte durch Lage- und Streuungsparameter bzw. relative Häufigkeiten verdichtet und Gruppierungen nach den soziodemographischen Merk-

---

[70] Waren diese eher den unteren Kognitionsstufen zugeordnet, beinhalteten also eher Begrifflichkei-ten, so erfolgte keine Abweichung von der Wort-für-Wort Übersetzung (vgl. ebenda, S. 20; 28f.).
[71] Diese erfolgte auf Basis von Schulstatistiken unter Ersatzziehung bei Nichtteilnahme. Eine Prüfung der Nichtteilnahme in Bezug auf eventuelle Diskriminanzmerkmale in Relation zu teilnehmenden Schulen ist nicht bekannt.
[72] unterteilt nach Schulform: Realschulen, Allgemeinbildende Gymnasien, Wirtschaftsgymnasien und Berufsoberschulen, Berufsfach- und Wirtschaftsschulen
[73] differenziert nach Branchen: Einzelhandel, Industrie/Banken/Versicherungen
[74] Bayern, Hessen, Nordrhein-Westfalen, Saarland

malen Alter und Geschlecht sowie Schul- bzw. Ausbildungsform vorgenommen. Diese wurden entlang der Inhaltsbereiche bzw. kognitiven Stufen ausdifferenziert (vgl. ebenda, S. 70ff.). Eine multiple Regressionsanalyse mit Daten aus verschiedenen Merkmalsgruppen[75] ermittelte zudem deren Einfluss auf die Leistung (vgl. ebenda, S. 84).

Zentral sind in diesem Zusammenhang folgende Befunde[76] (vgl. ebenda):

- Insgesamt schwaches Abschneiden bezüglich absolutem Leistungsniveau*
- Leistungsunterschiede zwischen Schularten*, Bundesländern, Geschlechtern
- Schlechte Leistungen deutscher Schüler(innen) im internationalen Vergleich
- Intelligenz, Einstellung, Klassenstufe und Schulabschluss sowie Geschlecht bedeutsamer als familiäre Bedingungen für Kompetenzausprägung
- Generelle Bestätigung der Taxonomiestufen, jedoch mit Unregelmäßigkeiten*

Das dokumentierte Zahlenmaterial liegt dabei in Tabellenform und textlicher Darstellung vor. Hohe Aussagekraft für einige Hauptbefunde* hat folgende Tabelle:

| | Realschule (N=650) | Allg. Gymn. (N=671) | Berufsfach-schule (N=711) | Einzelhan-del (N=757) | Indust./Ban k/ Vers. (N=1.105) | Wirtschafts-gymna-sium (N=716) |
|---|---|---|---|---|---|---|
| **I Wissen** | | | | | | |
| Anteilsw | .39 | .68 | .42 | .43 | .69 | .70 |
| StdAbw | .20 | .20 | .20 | .20 | .20 | .18 |
| **II Verstehen** | | | | | | |
| Anteilsw | .39 | .68 | .42 | .43 | .69 | .70 |
| StdAbw | .20 | .20 | .20 | .20 | .20 | .18 |
| **III Anwenden** | | | | | | |
| Anteilsw | .37 | .56 | .36 | .39 | .60 | .58 |
| StdAbw | .17 | .19 | .18 | .18 | .19 | .18 |
| **IV Analyse** | | | | | | |
| Anteilsw | .30 | .45 | .29 | .29 | .46 | .46 |
| StdAbw | .14 | .18 | .15 | .15 | .18 | .17 |
| **VI Evaluation** | | | | | | |
| Anteilsw | .36 | .51 | .35 | .37 | .50 | .51 |
| StdAbw | .23 | .24 | .23 | .23 | .24 | .23 |

*Tab. 3: Anteilswerte korrekter Lösungen pro kognitiver Stufe und Gruppe aus: Beck 1993, S. 11.*

---

[75] Diese umfassten personale ("anthropogene"), schulische Lehr-Lern- und familiäre Sozialisationsbedingungen.
[76] Die in Tabelle 3 aufgezeigten Hauptbefunde sind mit „*" gekennzeichnet.

b) Interpretation[77]

Die Ergebnisse zeichnen einen schwachen Kenntnisstand. Die Hälfte der Testpersonen ist nicht im Stande, mehr als 50% der Aufgaben richtig zu beantworten, dies bei
einer Ratewahrscheinlichkeit von 25%. Nach näherer Analyse wird dies darauf
zurückgeführt, dass grundlegende Begrifflichkeiten, Sachverhalte und Zusammenhänge nicht verstanden werden bzw. bekannt sind (vgl. ebenda, S. 73).[78]

Während der mit der Schulart zusammenhängende Leistungsunterschied erwar-
tungsgemäß verläuft[79], werden die Diskrepanzen zwischen den Bundesländern auf
curriculare Unterschiede und jeweils typische schulpolitische Profile zurückgeführt
(vgl. ebenda, S. 78). Zugleich wird auf die Notwendigkeit weiterer kontextangerei-
cherter Analysen hingewiesen. Der maskulinen Leistungsdominanz werden ursäch-
lich Sozialisationseffekte zugeschrieben, welche zu unterschiedlichen Interessenpro-
filen und der Zuwendungen zu differentiellen Themen- und Lernumwelten führen (vgl.
ebenda, S. 88).

Die internationalen Daten werden unter Vorbehalt betrachtet (siehe Kapitel 5.1.4.
Punkt a)). Die vorliegenden Ergebnisse werden insbesondere in Zusammenhang mit
bildungspolitischen Grundstrategien der (beruflichen) Spezialisierung gebracht und
die Notwendigkeit weiterer Vergleichsstudien verdeutlicht. Hierbei wird die Frage der
Förderung elitärer Strukturen, wie z.B. in England oder breiter Bevölkerungsschich-
ten, wie z.B. Deutschland und der Zusammenhang mit dem nationalen wirtschaftlichen Wohlstand aufgeworfen (vgl. ebenda, S. 83).

Die Ergebnisse der Regressionsanalyse werden ausführlich diskutiert und Intelligenz
bzw. Einstellungen als kausal für das ökonomische Wissen betrachtet, allerdings mit
unterschiedlichen wechselseitigen Relationalitäten (vgl. ebenda, S. 88)[80]. Der geringe Einfluss familiärer Strukturen führt für die Autoren zum Schluss, dass schulische
Bildung den entscheidenden externalen Anteil an der Herausbildung ökonomischer

---

[77] Als Quelle für die Interpretation der originären Daten des WBT im Rahmen der Eichstichprobe
wurde der Abschlussbericht des DFG-Projektes herangezogen. Weitere Interpretationen, die sich auf
dieses Datenmaterial stützen, finden sich bei Sczesny/Lüdecke 1998, S. 412ff.
[78] Ein Rückschluss auf die Qualität der schulischen Ausbildung wird jedoch nicht gezogen.
[79] Auf Detailanalysen soll nicht näher eingegangen werden, für weitere Ausführungen siehe Beck
1993, S. 74ff.
[80] Der Intelligenz wird ein stärkerer Einfluss auf das Wissen zugewiesen als dies die Einstellungen
haben, die gemäß den Autoren stärker vom Wissen beeinflusst werden. Die Intelligenzmessung
erfolgte auf Basis des Intelligenz-Struktur-Test 70 (vgl. Beck 1993, S. 31).

Kompetenz trägt (vgl. ebenda, S. 86f.). Die erwartungswidrigen Ergebnisse in Zusammenhang mit den Taxonomiestufen werden insbesondere auf Zuordnungsfehler bei der Aufgabendeklaration zurückgeführt (vgl. ebenda, 72).

### 5.1.1. Herausforderungen des Forschungsprojektes

a) Konsistenz des Forschungsverlaufs

Das Vorgehen im Sinne des Theorie-Empirie-Grundsatzes entspricht den Vorstellungen eines soliden wissenschaftlichen Arbeitens. Die Autoren nutzen empirische und theoretische Befunde zur Herleitung des Fähigkeitsbereiches „ökonomisches Wissen und Denken", aus welchem sie ein Kompetenzkonstrukt mit zwei Subbereichen schließen. Für die Modellierung greifen sie auf einen bereits bestehenden Test zurück und begründen dies mit der internationalen Vergleichbarkeit, was auch aus testökonomischen Gründen vertretbar ist. Dennoch konterkariert dies den dokumentierten primären Untersuchungszweck und die Eignung als Diagnoseinstrument für Lehrende und Ausbilder(innen) (siehe Kapitel 5.1.1. Punkt a)). Hierfür scheint doch eine stringentere Überarbeitung der Aufgaben im Hinblick auf eine für Deutschland angemessene Inhaltsvalidität geeigneter. [81]

Die Normierung der deutschen Stichprobe erscheint bezüglich ihres Umfangs repräsentativ, allerdings beschränkt sie sich nur auf einige Bundesländer. Als problematisch bezüglich ihrer Aussagekraft müssen die Fallzahlen bei der Retest- und Paralleltestreliabilität gedeutet werden (siehe Kapitel 5.1.2. Punkt e)).

Insgesamt entspricht das Messmodell einer guten Eignung bezüglich der Gütekriterien, was einer der Gründe ist, weshalb der Test als Grundlage für Messungen bzw. Entwicklung von Messinstrumenten bei einer Vielzahl von Studien dient (vgl. Sczesny/Lüdecke 1998, S. 405ff.; Fürstenau/Müller/Witt 2007, S. 230ff.; Förster/ Happ/Zlatkin-Troitschanskaia 2012, S. 3ff.).

---

[81] Dies ist laut Meinung des Autors der hiesigen Untersuchung jedoch eher auf den Mangel der Dokumentation zurückzuführen. So scheint der Test doch primär der internationalen Vergleichbarkeit zu dienen, wie bereits der DFG-Projektname vermuten lässt.

Die Wahl der Test- und Analysetheorie entspricht dem damaligen Stand der Forschung, so waren IRT-Modelle zu diesem Zeitpunkt nicht weit verbreitet[82]. Die Interpretation der Daten ist schlüssig. Allerdings gilt es, die Ausführungen zu internationalen Vergleichen aufgrund unterschiedlicher Stichprobenparameter zu relativieren (vgl. Beck 1993, S. 79ff.)[83]. Insbesondere die Regressionsanalyse bezüglich der Wirkungsparameter und die entsprechenden interpretativen Ausführungen von Beck, scheinen der Anstoß weiterer Forschungen gewesen zu sein und fügen sich in den Kontext der heute vorliegenden Bildungsdiskussion und der Forderung nach dem mündigen Wirtschaftsbürger ein (siehe Kapitel 2.1.).

b) Einschätzung der Gütekriterien

Auch wenn die angegebenen Testgütekriterien grundsätzlich auf eine gute Qualität und damit eine, wissenschaftlichen Standards genügende, Messung des Konstrukts „ökonomisches Wissen und Denken" schließen lassen, fallen bei näherer Betrachtung Unregelmäßigkeiten auf. Aufgrund der standardisierten Vorgaben und Durchführungsordnungen sowie den objektiv auswertbaren Aufgabenformaten (siehe Kapitel 4.3.3.) mittels Lösungsschablonen kann auf ein objektives Messverfahren geschlossen werden. Anlass zur Kritik bietet hingegen die geringe Stichprobengröße in Bezug auf Retest- und Paralleltestreliabilität. Die geringe Korrelation bei Form B könnte somit auch messfehlerbedingt sein (siehe Tabelle 2). Insgesamt sind die restlichen Reliabilitätswerte durchgängig gut ($r_{tt}$>0,8).

Die durch Expertenurteile bewertete Inhalts- und Kriteriumsvalidität hinterlässt den Eindruck, dass teils sehr schlechte Bewertungen toleriert wurden, um eine hohe Äquivalenz zum amerikanischen Original aufzuweisen.[84] In diesem Zusammenhang muss auch auf die als problematisch zu erachtende Übertragung der, auf amerikanischen Curricula basierenden, Inhalte verwiesen werden.[85] Es ist fraglich, ob die vorwiegend volkswirtschaftlichen Themenbereiche das Konstrukt einer wirtschaftlichen Grundkompetenz hinreichend abbilden, oder ob nicht zumindest auch be-

---

[82] Auch wenn hierzu Daten, im Zusammenhang mit der Bestimmung der Itemschwierigkeiten vorliegen (vgl. Beck 1993, S. 62ff.)
[83] Dieses Problem wurde in Folgestudien behandelt (vgl. Förster/ Happ/Zlatkin-Troitschanskaia 2012, S. 3ff.)
[84] So wurden vier Items schlechter als 3,2 (Maximalwert 3,6) geratet, bei einer Standardabweichung jeweils größer 1,15. Eine Änderung der Aufgaben hätte vermeintlich bessere Ratings erreicht, jedoch hätte dies dann Nachteile in Bezug auf die internationale Vergleichbarkeit.
[85] Für einen Überblick über Studien zur Analyse der Übereinstimmung der WBT-Inhaltsbereiche mit gymnasialen Rahmenlehrplänen siehe Fürstenau/Müller/Witt 2007, S. 244ff.)

triebswirtschaftliche Aspekte zu integrieren wären (vgl. Schumann et al. 2010, S. 3).[86] Zudem ließ sich die hierarchische Ordnung der Taxonomiestufen nicht vollständig bestätigen (siehe Tabelle 2; vgl. Macha/Schuhen 2011, S. 5f.).

Ein sinnvolles Maß für die konvergente Konstruktvalidität liegt nicht vor, da vergleichbare Tests zum damaligen Zeitpunkt nicht existierten. Nicht ganz konsistent erscheint die Interpretation des Zusammenhangs der Schulnoten (r=0,34) bzw. Intelligenz (r=0,599). Wird der geringe Wert bei den Schulnoten von Beck als kausale Nähe zu WBT-relevanten Fähigkeiten interpretiert (vgl. Beck 1993, S. 88), deutet er den höheren Wert der Intelligenzreliabilität als Ausdruck für die Isoliertheit des Konstrukts (vgl. ebenda, S. 69). Weitergehende Analysen bestätigten eine Eigenständigkeit des WBT-Instruments (vgl. Förster/Happ/Zlatkin-Troitschanskaia 2012, S. 12). Die Repräsentativität der Daten in Bezug auf den gesamtdeutschen Raum ist zudem getrübt durch den Umstand der sehr geringen Rücklaufquote und der Einbeziehung von nur vier Bundesländern in die Stichprobe.

## 5.1.4 Beitrag zur Erfassung kaufmännischer Handlungskompetenz

Es scheint fraglich, ob im Zusammenhang mit dem WBL tatsächlich von Kompetenzen gesprochen werden kann. So sind es insbesondere die mangelnde Situiertheit und der Problemlösecharakter, welche sich eher im Konstrukt der Intelligenz wiederspiegeln (siehe Kapitel 3.1.1.). Dennoch kann das dem WBT inhärente Verständnis in einer engen kognitionspsychologischen Auslegung als allgemeinwirtschaftliche Kompetenz verstanden werden (vgl. Rosendahl/Straka 2011, S. 19). Der Test misst im Hinblick auf kaufmännische Handlungskompetenzen jedoch allenfalls domänenübergreifende Sachkompetenzen im Sinne des kognitiven Potentials. Die von Macha und Schuhen als „naiv" bezeichnete kognitionspsychologische Verwendung der Bloom'schen Taxonomien (vgl. Macha/Schuhen 2011, S. 6) hält bis heute, wenn auch in veränderter Form[87], an. Der WBT findet weiterhin Einsatz im Rahmen zahlreicher Studien (siehe Kapitel 5.1.4. Punkt a)).

---

[86] Beck selbst erachtet diese als berufsspezifische Inhalte und damit nicht Bestandteil einer wirtschaftlichen Grundkompetenz.
[87] So schlug Witt nach Untersuchungen mit dem WBT eine kategoriale, nicht hierarchische Anordnung der Taxonomiestufen vor (vgl. Witt 2006, S. 407ff.; Seeber 2005, S. 76).

Er deckt damit Facetten der Teilkomponente Fachkompetenz der hier definierten kaufmännischen Handlungskompetenz ab. Die einzelnen Handlungsfelder werden inhaltlich nur marginal berührt. Der Test prüft vielmehr den volkswirtschaftlichen Inhaltsbereich (vgl. Förster/Happ/Zlatkin-Troitschanskaia 2012, S. 7ff.). Insbesondere die im weiteren Verlauf zu untersuchenden Studien von Achtenhagen und Winther zeigen, dass eine ökonomische Literalität, zu welcher das WBT-Konstrukt Parallelen aufweist (vgl. ebenda), als erklärende Teilkomponente kaufmännischer Handlungs-kompetenz zu verstehen ist (siehe Kapitel 5.4.1. Punkt c)).

Bezüglich der Prozesskomponente des Messens kann dem WBT, der als erstes objektives psychometrisches Kompetenzmessverfahren in Deutschland gilt, trotz einiger Schwachstellen, eine beispielhafte Vorgehensweise und Dokumentation der Testentwicklung sowie –ergebnisse attestiert werden. Dies hängt sicherlich auch damit zusammen, dass Klaus Beck, einer der Testentwickler, bereits in den 1980er Jahren intensiv auf das Theorie-Empirie-Problem hinwies (vgl. Zlatkin-Troitschanskaia/Seidel 2011, S. 218).

Als kritisch im Zusammenhang mit der Testkonstruktion muss jedoch die Verwen-dung ausschließlich geschlossener Antwortformate betrachtet werden. Diese können die Komplexität beruflicher Handlungen nicht situiert und anforderungsgerecht darstellen[88]. Sie bieten zwar Vorteile, z.B. in Bezug auf die Auswertungsobjektivität bzw. Testökonomie (siehe Kapitel 4.3.1. bzw. 4.3.3.), weisen aber im hiesigen Zusammenhang entsprechende Validitätsprobleme auf (siehe Kapitel 5.1.4.).

Die Interpretation der Ergebnisse des WBT durch Beck weisen deutliche Überein-immungen mit dem hier eingangs formulierten Bedingungskontext der bildungspoliti-schen Entscheidungen auf (siehe Kapitel 2.), welcher zur Implementierung von Handlungskompetenz als zentralem Kriterium beruflicher Ordnungsmittel führte (vgl. auch Sczesny/Lüdecke 1998, S. 419ff). Damit beweist der Test und seine Ergebnis-se richtungsweisende Wirkung. Die Testerstellung und die empirischen Befunde können sowohl inhaltlich als methodologisch als Meilensteine für die berufliche Kompetenzmessung gewertet werden. Sie bilden zudem die Grundlage des Projek-tes OEKOMA, dessen Bedarfslage auf der Debatte um den „mündigen Wirtschafts- und Gesellschaftsbürger" fußt (vgl. Schumann et al. 2010, S. 2).

---

[88] Zudem ist eine Lösungswahrscheinlichkeit von 25% mit der Problematik des Ratens verbunden.

## 5.2 Ökonomische Kompetenzen von Maturandinnen und Maturanden (OEKOMA)

Das Schweizer Nationalfond (SNF) - Projekt untersucht ökonomische Kompetenzen von angehenden Absolventen der Gymnasien und Berufsmaturitätsschulen in der Deutschschweiz. Der Test umfasst sowohl Leistungskomponenten sowie weitere Einflussgrößen, wie beispielsweise das soziale Umfeld. Die entsprechenden Erhebungen fanden im Jahr 2011 statt (vgl. Schumann/Eberle im Druck, S. 1).

### 5.2.1 Theorie-Konzeptions-Herleitung

a)  Untersuchungsgegenstand und Zielsetzung

Das Projekt richtet seine Aufmerksamkeit auf die Untersuchung zweier Fragestellungen. „Erstens gilt es zu klären, über welches Ausmaß an ökonomischen Kompetenzen die Lernenden verfügen. Und zweitens interessiert, welche Individual-und Kontextvariablen mit den ökonomischen Kompetenzen korreliert sind" (ebenda, S. 2). Bezüglich der ersten Fragestellung richtet sich das Interesse der Untersuchung sowohl auf die Ausprägungen der einzelnen Komponenten ökonomischer Kompetenz, als auch auf deren Beziehung untereinander. Diese Forschungsideen sollen dabei im Hinblick auf einzelne Subpopulationen vergleichend beleuchtet werden (vgl. Schumann/Oepke/Eberle 2011, S. 56).

Die Untersuchung zielt dabei primär auf das tiefere Verständnis ökonomischer Grundbildung eines „mündigen Wirtschafts- und Gesellschaftsbürgers" (vgl. Schumann et al. 2010, S. 2). [89] Einige Projekt-Publikationen vermitteln zudem den Eindruck, dass sie auch Vorarbeiten zur Erstellung eines Testinstruments für die international-vergleichende Beurteilung der Leistungsfähigkeit des Bildungssystems der Schweiz beinhalten (vgl. Schumann/Eberle 2011, S. 77).

b)  Kompetenzdefinition

Hier wird an die Person des „mündigen Wirtschafts- und Gesellschaftsbürgers" angeschlossen, deren ökonomische Kompetenz sich in variierenden Rollen und

---

[89] Damit schließt das Forschungsvorhaben an die Ergebnisse des WBT bzw. TEL und die internationalen Vergleichsresultate an, wonach die ökonomische Grundbildung insbesondere in Deutschland und der Schweiz vergleichbar gering ist (vgl. Schumann/Oepke/Eberle 2011, S. 51).

Situationen expliziert (vgl. ebenda, S. 5; vgl. auch Macha/Schuhen 2011, S. 15).[90] Dabei geht es um die Erfassung der ökonomischen Grundbildung im Sinne von Economic Literacy, welche sich im allgemeinen Verständnis wirtschaftsgesellschaftlicher Problemstellungen und deren Analyse sowie Bewertung von Entscheidungsalternativen niederschlägt (vgl. Schumann/Eberle im Druck, S. 5f.).

Das theoretische Konstrukt der ökonomischen Kompetenz schließt an die Weinert'sche Konzeption an und umfasst „ […] das Wissen sowie die Fähigkeiten, Fertigkeiten und Bereitschaften eines Individuums, wirtschaftliche Problemstellungen erfolgreich und verantwortungsvoll lösen zu können" (ebenda, S. 6).

c) Kompetenzdimensionen

Dabei werden die einzelnen Komponenten kognitiver und affektiver Art im Sinne eines handlungsbezogenen Verständnisses wie folgt integriert (vgl. ebenda):

- Ökonomisches Wissen und Können als Voraussetzung
- Interesse und motivationale Orientierung als willentliche Elemente
- Einstellungen und Werthaltungen als sozial reflektierende Komponente

zur verantwortungsvoll-erfolgreichen Lösung ökonomischer Problemstellungen. Die Kerndimension bildet dabei das „ökonomische Wissen und Können" im Sinne von Economic Literacy (vgl. Schumann et al. 2010, S. 6).

## 5.2.2 Messmodellierung

a) Inhaltsanalyse und Aufgabenkonstruktion

Die folgenden Ausführungen beziehen sich auf das Instrument „ökonomisches Wissen und Können".[91] Aufgrund des Kompetenzkonstruktes wurde eine curriculare Inhaltsbildung zur Erfassung des ökonomischen Wissens und Könnens ausgeschlossen. Stattdessen entschloss man sich zu einer themenbezogenen Inhaltsanalyse von Printmedien, um authentische und alltagsbezogene Problemstellungen

---

[90] So müssen ökonomische Entscheidungen als Familienmitglied, Konsument, Arbeitgeber bzw. –nehmer sowie Staatsbürger im demokratischen System getroffen werden (vgl. Schumann/Eberle 2013, S. 5).
[91] Als einziges der verwandten Messinstrumente wurde dieses für das Projektes neu entwickelt.

abzubilden (vgl. Schumann et al. 2010, S. 3).[92] Vorab wurde eine dreiteilige Grobein-teilung in Themen der Volkswirtschaftslehre (VWL), Betriebswirtschaftslehre (BWL) und Corporate Finance vorgenommen.

Die Vorgehensweise der Inhaltsanalyse lässt sich in drei Schritten zusammenfassen (vgl. ebenda, S. 3ff.):

1. Schritt: Entwicklung eines thematischen Kategoriensystems: aus Studienunterla-gen des ersten Jahrgangs der Wirtschaftswissenschaften (BWL und VWL)
2. Schritt: Medienauswahl[93] und –analyse: Identifikation relevanter Begriffe und Konzepte in Artikeln und Zuordnung zum Kategoriensystem aus Schritt 1[94]
3. Schritt: Inhaltsauswahl für Leistungstest: Ableitung von Richtgrößen für Itemzahlen in sechs Unterkategorien[95], bei Berücksichtigung von Querverbindungen

Die daraus resultierenden Itemverteilungen sind in Abbildung 10 dargestellt.

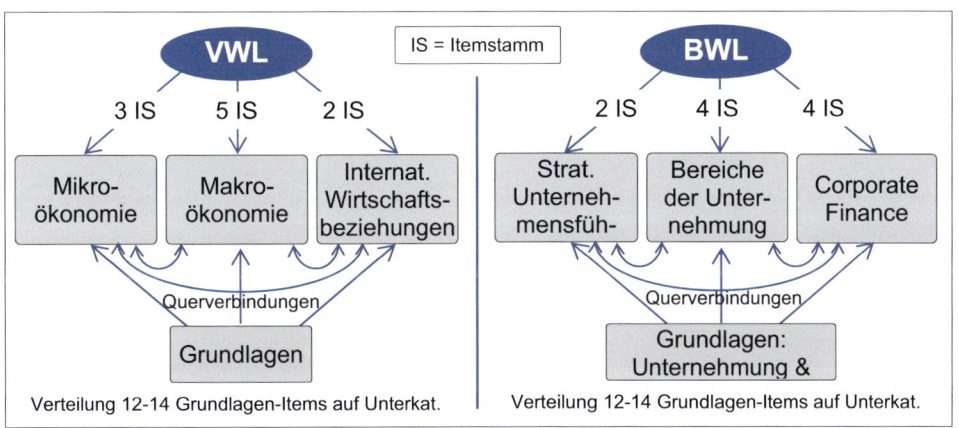

***Abb. 10: Verteilung der Itemstämme auf die Kategorien des OEKOMA-Tests aus: Schumann et al. 2010, S. 8.***

Die Aufgaben bestehen aus modifizierten Zeitungsartikeln mit 1500 bis 2000 Zeichen als Itemstamm, für jeweils vier bis sechs Items (vgl. ebenda, S. 8).

---

[92] Für einen Überblick über den standardisierten Untersuchungsablauf der Inhaltsanalyse (vgl. Früh 2011, S. 102.)
[93] Es wurden zwei Tageszeitungen ausgewählt, welche dem höchsten Anspruchsniveau entsprechen.
[94] Dabei wurden die Themen BWL (51% der Artikel) und VWL (49 % der Artikel) jeweils in vier Hauptkategorien mit insgesamt 21 Unterkategorien aufgeschlüsselt. Corporate Finance (17,8% der Artikel) ist dabei als Unterkategorie der BWL bestimmt. Im Anhang findet sich eine Ergebnisübersicht für die Medienanalyse (siehe Anhang 11. B)).
[95] Die Kategorien Grundlagen sollen jeweils integriert erfasst werden (siehe Abbildung 11).

Für die Konstruktion der Aufgaben wurden vorher festgelegte Schwierigkeitsmerkmale mit einbezogen, sodass der Vorgang systematisch und regelgeleitet erfolgen konnte (vgl. Schumann/Eberle 2011, S. 83ff.). Einen Überblick liefert folgende Tabelle[96]:

| Merkmal | Ausprägungen | Merkmal | Ausprägungen |
|---|---|---|---|
| Modellierung (Anzahl Lösungsschritte) | Gering | Offenheit der Lösungswege, Lösungen | Ein(e) Lösung(sweg) |
| | Einfach | | Mehrere Lösungswege/Lösungen |
| | Fortgeschrittene | | |
| Kognitive Verarbeitungsprozesse | Wiedergeben/Erinnern | Definition Gesetzmäßigkeiten | Keine |
| | Verstehen/Verarbeiten | | Wenige |
| | Informationen nutzen | | Mehrere |

*Tab. 4: Schwierigkeitsrelevante Aufgabenmerkmale*
*vgl. Schumann/Eberle 2011, S. 83ff.*

b)  Testaufbau und –durchführung

Das Instrumentarium zur Erfassung der unterschiedlichen Kompetenzfacetten besteht aus Tests und Fragebögen (siehe Tabelle 4), wobei die Tests im Matrix-Design (siehe Kapitel 4.3.2.) eingesetzt wurden, was die Testzeit entsprechend verringerte. Die Tests wurden durch externe, geschulte Testleiter(innen) durchgeführt (vgl. Schumann/Eberle im Druck, S. 8).

| Variable | Art | Items | Ausprägung/Skala |
|---|---|---|---|
| Ökonomisches Wissen und Können | Tests | 111 | Dichotome Itemausprägung, zusammengefasst zu intervallskaliertem Leistungswert |
| Kognitive Grundfähigkeit | | 45 | |
| Deutschleistung | | 91 | |
| Mathematikleistung | | 59 | |
| Interesse | Fragebögen | 3 | 4-stufig, ordinal |
| Intrinsische Motivation | | 4 | |
| Werthaltungen | | 9 | |
| Einstellungen | | 14 | 5-stufig, ordinal |

*Tab. 5: Übersicht des Instrumentariums von OEKOMA*

Der Itempool für „ökonomisches Wissen und Können" besteht zu 10% aus offen en und zu 90% aus geschlossenen Items des Multiple Choice Typs mit vier Antwortmöglichkeiten (vgl. Schumann/Eberle 2011, S. 83). Die konkrete Verteilung innerhalb

---

[96] Ausgangspunkt hierfür waren intensive Analysen bisheriger Forschungsbefunde, welche in einem Manual zusammengetragen wurden und im Rahmen des Konstruktionsprozesses Verwendung fanden.

eines Testheftes geschah unter Berücksichtigung der Inhalte sowie der in der Pilotie-rung geschätzten Itemschwierigkeiten und Bearbeitungszeiten der Items (vgl. Schu-mann/Eberle im Druck, S. 9).

c) Testmethode und Ermittlung der Kompetenzausprägung

Die Berechnung der Testwerte und die Skalierung erfolgt im Falle der Testung von „Ökonomisches Wissen und Können", „Deutsch", Mathematik" und „Kognitive Grund-fähigkeit" auf der Basis IRT-gestützter Methoden. Diese Daten wurden standardisiert. Fehlende Werte wurden, soweit möglich, unter Einbeziehung von Prädiktoren ersetzt. Die Schätzung der Testwerte erfolgte anhand der Itemschwierigkeiten und den entsprechenden Lösungen der Testpersonen (vgl. ebenda, S. 12). Die restli-chen, ordinalskalierten Merkmale wurden im Rahmen der KTT berechnet, zentrale Indikatoren bieten die Mittelwerte (siehe Tabelle 4). Ein Kompetenzmaß, im Sinne eines gesamtheitlichen Indikators, existiert nicht.

d) Pretests, Haupterhebung und Normierung/Standardisierung

Im Jahr 2010 erfolgte eine Pilotierung mit 325 Probanden[97]. Nach Einsatz von Methoden der KTT und IRT wurde eine zufriedenstellende Ausprägung der Gütekri-terien festgestellt. 30% der Items wurden einer Revision unterzogen. Die Pilotierung bestätigte dabei die vorab vermuteten Zusammenhänge der unter Punkt a)) aufge-führten schwierigkeitsrelevanten Merkmale. So sind mit ansteigendem Level abfal-lende Lösungsquoten verbunden (vgl. Schumann/Eberle 2011, S. 85).

Die Hauptuntersuchung erfolgte durch eine Zufallsstichprobenziehung von 200 Klassen auf Basis eines disproportional geschichteten Zufallsverfahrens, aus welcher 2328 auswertbare Testergebnisse hervorgingen (vgl. ebenda). Die externen Strata wurden nach Schulformen gebildet:

1. Gymnasium mit Schwerpunktfach „Wirtschaft und Recht" (Gym WuR)
2. Gymnasium mit anderen Schwerpunktfächern (Gym andere)
3. Berufsmaturitätsschule kaufmännischer Verband (BMS KV)
4. Berufsmaturitätsschule andere Richtungen (BMS andere)

---

[97] Nähere Informationen bezüglich der Ziehung bzw. Zusammensetzungen der Stichprobe etc. liegen nicht vor. Schlussfolgerungen hinsichtlich der Vorgehensweise können dementsprechend nicht getätigt werden.

Weiterhin wurden in diesen Schichten implizierte Strata nach Kanton, Geschlecht und Klassengröße gebildet, sodass ein repräsentatives Sample in Bezug auf die deutsch-schweizerische Grundgesamtheit der Schulformen entstand.

Die Skalierung des Tests wurde für die in c) genannten Personenfähigkeiten für die ungewichtete Stichprobe auf den Wert 500 standardisiert, bei einer Standardabweichung von 100 Punkten (vgl. Schumann/Eberle im Druck, S. 12).

e) Ermittlung der Gütekriterien

Es liegen keinerlei Aussagen über die Validität des Tests vor. Inwiefern Experten beispielsweise die Inhalte des Testinstruments beurteilt haben, kann den bisherigen Publikationen nicht entnommen werden. Für die Reliabilität (Interne Konsistenz – Cronbach's alpha) einiger Merkmale konnten folgende Werte gefunden werden (vgl. ebenda, S. 11ff.):

| **Interesse** | $r_{tt} = 0,77$ | **Werthaltung** | $r_{tt} = 0,90$ |
|---|---|---|---|
| **Intrinsische Motivation** | $r_{tt} = 0,82$ | **Einstellungen** | $r_{tt} = 0,76$ |

*Tab. 6: Interne Konsistenz einiger Merkmale des OEKOMA-Tests*

Zudem sind die Faktorenreliabilitäten der ein-, zwei bzw. dreidimensionalen Varianten des Modells angegeben, eine Tabelle mit Modell-Fit-Statistiken lässt sich zugunsten des dreidimensionalen Modells auswerten (vgl. ebenda, S. 26).[98] Die Items selbst wurden mit Kriterien der KTT (Trennschärfen und Schwierigkeiten) als auch IRT (z.B. Item Characteristic Curve) bezüglich ihrer psychometrischen Güte bewertet (vgl. ebenda, S. 10).[99]

## 5.1.2. Verwertung der empirischen Ergebnisse

a) Analyse und Darstellung

Die Analyse der Testwerte erfolgte ebenfalls mit Methoden der KTT und IRT. In den Publikationen zu den Ergebnissen[100] findet sich ein gruppiertes Säulendiagramm, in

---

[98] Die Reliabilität im eindimensionalen Modell beträgt 0,75; im zweidimensionalen 0,78 für die Dimension VWL/BWL und 0,59 für Accounting; im dreidimensionalen Modell für VWL 0,74 sowie BWL 0,7 und Accounting 0,6.

[99] Genaue Informationen sind nicht aufgeführt.

[100] Hierbei handelt es sich um eine unveröffentlichte Publikation, welche das Gesamtprojekt ausführlicher darstellt, sowie zwei Veröffentlichungen in Fachzeitschriften (vgl. Eberle/Schumann 2013a; Eberle/Schumann 2013b; Schumann/Eberle im Druck).

welchem die zentralen Ergebnisse der Leistungstests in Form von standardisierten Mittelwerten der gruppierten Subpopulationen dargestellt sind (siehe Abbildung 11). Zahlreiche Tabellen beinhalten Angaben zur Stichprobe, Modellfit, sowie (Inter-) Korrelationen und Angaben zu (standardisierten) Mittelwerten bzw. Standardabweichungen der Kompetenzkomponenten. Eine Wright-Map gibt Aufschluss über die Verteilung der Itemschwierigkeiten bzw. Personenfähigkeiten und stellt diese in einer gemeinsamen Skala dar (vgl. Schumann/Eberle im Druck, S. 28ff.).

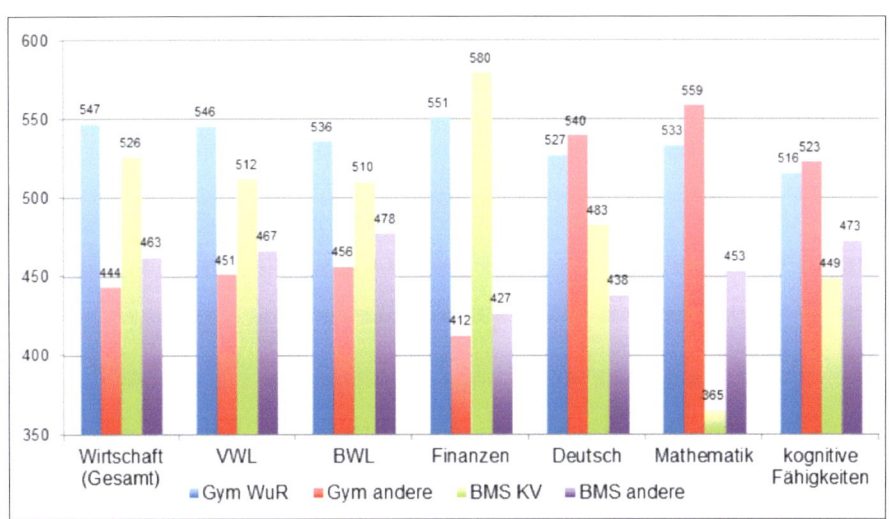

*Abb. 11: Die Kompetenzen in Wirtschaft, Deutsch, Mathematik und allgemeine kognitive Fähigkeiten im Bildungsgangvergleich*
*aus: Eberle/ Schumann 2013a, S. 20.*

Die zentralen Befunde, bei der bisherigen Informationslage, gestalten sich wie folgt (vgl. Eberle/Schumann 2013a, S. 21; Eberle/Schumann 2013b, S. 17; Schumann/Eberle im Druck, S. 13ff.):

- „Gym WuR" signifikant leistungsfähiger als „Gym andere", ebenso „BMS KV" im Vergleich zu „BMS andere"
- „BMS KV" signifikant leistungsfähiger als „Gym andere" und zudem mit besten Ergebnissen im Bereich Corporate Finance
- signifikante Leistungsunterschiede zwischen und innerhalb von Schulklassen sowie zwischen Schularten
- Kognitive Grundfähigkeiten sowie Deutsch- und Mathematikfähigkeiten mit geringem Einfluss, Einstellungen mit größtem, aber dennoch geringem Einfluss auf „ökonomisches Wissen und Können"

- Männliche Testpersonen schnitten im Allgemeinen besser ab als weibliche
- Tendenzielle Eignung eines dreidimensionalen Modells von „ökonomischem Wissen und Können" mit Dimensionen VWL, BWL, Rechnungswesen
- Bestätigung der a priori festgelegten Itemschwierigkeitsmerkmale

b) Interpretation

Die Interpretation der empirisch ermittelten Leistungsdaten erfolgt im Kontext der Diskussion um eine vertiefte Gesellschaftsreife, welche neben der Sicherung der Studierfähigkeit im Falle des Gymnasiums bzw. der Berufsfähigkeit im Falle der Berufsmaturitätsschulen in der Schweiz, als Ziel im Sinne einer ökonomischen Allgemeinbildung steht (vgl. Eberle/Schumann 2013a, S. 18). Grundsätzlich werden die Ergebnisse der Studie folgendermaßen gedeutet:

„Die bildungstheoretische Bedeutung des Faches Wirtschaft und Recht [...] und die praktische Umsetzung klaffen offenbar auseinander" (ebenda, S. 21).

Die Autoren nehmen damit Bezug auf den Umstand, dass alle Gymnasiast(inn)en mindestens einen Grundlagenkurs besuchen, die Spezialisierung jedoch einen hohen Unterschied im Grad der Ausprägung ausmacht, im Durchschnitt über eine Standardabweichung (siehe Abbildung 10). Die bessere Leistungsfähigkeit der Gymnasiast(inn)en mit Ausnahme der Dimension Finanzen wird insbesondere mit dem erhöhten Stundenumfang der jeweiligen Fächer begründet. Dies verdeutlicht zudem schlussfolgernd die fundamentale Stellung des Wirtschaftsunterrichts und die Rolle der Schulen im Sinne von (beruflichen) Spezialisierungen (vgl. ebenda, S. 20f.; Eberle/Schumann 2013b, S. 17).[101]

Die hohen Leistungsvariationen zwischen und innerhalb der Klassen werden insbesondere auf die Effekte der Unterrichtsqualität und der Professionalisierung der Lehrkräfte zurückgeführt (vgl. Eberle/Schumann 2013b, S. 17).

Die in früheren Untersuchungen festgestellten und auch gegen das theoretische Kompetenzkonstrukt sprechenden Befunde, bezüglich des Einflusses von Einstellungen, Werthaltungen und motivationalen Faktoren, können von den Autoren nicht eindeutig erklärt werden. Hinsichtlich der geringen Korrelation mit kognitiven Grund-

---

[101] An BMS kaufmännischen Richtung und gewerblichen Richtung erfolgt zusätzlich der Besuch des Faches „Finanz- und Rechnungswesen" (vgl. Schumann/Eberle im Druck, S. 5).

fähigkeiten und Mathematik- bzw. Deutschfähigkeiten verweisen sie darauf, dass dies Ausdruck für die Eigenständigkeit des hier gemessenen Konstrukts ist (vgl. Schumann/Eberle im Druck, S. 16). Als Ursache für das bessere Abschneiden männlicher Schüler werden motivational-affektive Effekte benannt (vgl. ebenda).

### 5.1.3. Herausforderungen des Forschungsprojektes

a) Konsistenz des Forschungsverlaufs

Das Projekt OEKOMA ist im Rahmen der vier betrachteten Verfahren dasjenige mit dem geringsten publizierten Dokumentationsaufkommen. Ein Rückschluss auf das Vorgehen der Forschungsmitglieder betreffs einer mangelnden theoretisch-empirischen Fundierung kann hierdurch jedoch nicht gezogen werden. So weisen die Formulierungen in den zugänglichen Dokumenten vielmehr auf eine stringente, systematische und theoriegeleitete Methodik hin.

Die aus der im Kontext der beruflichen und schulischen Bildung geführten Debatte um den mündigen Wirtschaftsbürger entstandene Forschungsmotivation, führte zu einem nachvollziehbaren Konstrukt ökonomischer Grundbildung, welches in Erweiterung eines streng kognitiven Konstrukts um motivationale, affektive Komponenten ergänzt wurde. Die Operationalisierung der Dimensionen erfolgte mittels unterschiedlicher Tests und Fragebögen. Parallelen zu den durch Baethge et al. gemachten Vorarbeiten sind hierbei sicherlich nicht zufällig (vgl. Baethge et al. 2006, S. 38ff.; siehe auch Kapitel 3.1.2.). Dennoch scheint dies nicht ohne Probleme bezüglich der Auswertung. So sollen Komponenten wie Einstellungen, Werte etc. dem Kompetenzkonstrukt inhärent sein. Die Interpretation zielt jedoch vordergründig auf die zentrale Komponente „Ökonomisches Wissen und Können" ab, während andere Kompetenzfacetten den Charakter von konstruktexternen Determinanten aufweisen. So ergibt sich ein eher fragmentiertes Bild der ökonomischen Kompetenz, welches die Dimensionen nicht ganzheitlich einbeziehen kann.

Die Herleitung des eigens konzipierten Tests für „Ökonomisches Wissen und Können" ermöglicht durch die Implementierung von IRT und KTT ein breiteres Spektrum an Prüf- und Analysemöglichkeiten, im Vergleich zum WBT. So ist durch die post-hoc definierten schwierigkeitsbestimmenden Merkmale eine bessere Konstruktion, Schätzung von

Leistungswerten und Interpretation durch kriteriale Einteilung in Kompetenzniveaus möglich.[102] Die Ableitung der inhaltlichen Bereiche aus den Erfordernissen des Kompetenzkonstruktes fiel zu Ungunsten curricularer Untersuchungen oder Tätigkeitsanalysen aus, eine aus testökonomischen Gründen nachvollziehbare Entscheidung. Die mediale Analyse bleibt dennoch nicht kritikfrei (siehe Punkt b)).

Zudem spricht die geringe Korrelation der Deutsch- und Mathematikleistungen gegen das vorab formulierte Kompetenzverständnis und die verbreitete These, dass diese Fähigkeiten eng mit ökonomischen Fähigkeiten verknüpft sind (vgl. Macha/Schuhen 2011, S. 19).

Die Interpretation der Daten ist schlüssig, eine hypothesengesteuerte Ergebnisherleitung entspricht klarem, wissenschaftlichem Vorgehen. Durch die gleichzeitige Erhebung von Kontextmerkmalen lassen sich zudem Rückschlüsse auf konstruktexterne Einflüsse ziehen. Die Äußerungen zu den geringen und damit erwartungswidrigen Einflüssen der Dimensionen Einstellungen, Motivation etc. werfen jedoch weitere Fragen auf (siehe Kapitel 5.2.3. Punkt b)).

b) Einschätzung der Gütekriterien

Die zur Verfügung stehenden Informationen hinterlassen, bis auf wenige Kritikpunkte, einen guten Eindruck bezüglich der Messqualität. Im Hinblick auf die Objektivität vermitteln die Aussagen über das standardisierte Vorgehen, Schulung von Testleiter(innen), Datenkodierung und Prüfungen bezüglich Interrater-Reliabilitäten gezielte Maßnahmen zur Erreichung der Durchführungs-, Auswertungs- und Interpretationsobjektivität (vgl. Schumann/Eberle 2011, S. 84).

Eine Validierung der Testergebnisse durch ähnliche Testverfahren wäre wünschenswert. Die Reliabilitätswerte der Instrumente sind durchweg gut bis sehr gut. Kritisch muss der Umgang mit ordinalskalierten Merkmalen bewertet werden, welcher jedoch verbreitet in der empirischen (Bildungs-) Forschung ist. So wurden beispielsweise Mittelwerte als zentrale Lagemaße gebildet. [103] Zudem verzerren die unterschiedlichen Skalenbreiten das Bild.

Die Modelldimensionierung der Komponente „Ökonomisches Wissen und Können" kann nicht klar zugunsten eines Modells interpretiert werden, die geringen Fallzahlen

---

[102] Die Veröffentlichungen dieser Ergebnisse stehen noch aus.
[103] Drei Fragebögen mit vier-, einer mit fünfstufiger Ordinalskala. Diese eignen sich zudem nicht für mathematische Operationen, weshalb der Median als sinnvoller Lageparameter angebracht wäre.

des Inhaltsbereichs „Corporate Finance" führen zu erhöhten Messfehlern und einer geringen Reliabilität dieser Dimension (r=0,59 bzw. 0,6). Positiv scheint sich die Revision der Items nach der Pilotierung ausgewirkt zu haben, auch wenn diese mit 30% zu beanstandenden Items auf vorherige Konstruktionsprobleme hinweist. In der Hauptuntersuchung mussten nur fünf Items ausgeschlossen werden, dank der Verwendung von IRT-Methoden konnten dennoch Schätzungen der Leistungswerte vorgenommen werden. Insgesamt ist der Einsatz der Möglichkeiten der IRT als durchweg positiv zu bewerten (siehe Punkt a)).

### 5.2.3 Beitrag zur Erfassung kaufmännischer Handlungskompetenz

Sowohl auf empirisch-inhaltlicher als auch methodischer Ebene liefert das Projekt OEKOMA wertvolle Erkenntnisse für die kaufmännische Handlungskompetenz. So sind Ergebnisse für kaufmännische Ausbildungsberufe extrahierbar und differentielle Analysen bezüglich diskriminanter Merkmale in Bezug auf andere Ausbildungsberufe möglich. Dies könnte Aufschluss geben über die Konstruktion der entsprechenden kaufmännischen Domäne. Hierzu bedarf es weiterer gezielter Untersuchungen, erste Analysen zeigen z.B. deutlich stärkere Fähigkeiten im Bereich des Rechnungswesens bzw. Corporate Finance. Auch eine differenzielle Betrachtung der noch zu publizierenden Kompetenzniveaumodellierungen könnte hier Aufschluss geben.

Inwiefern das inhaltliche Konstrukt den für die kaufmännische Domäne relevanten Bereichen entspricht, muss weiter geprüft werden. Die eher breit als tief angelegte Fähigkeitsprüfung und die geringen Anforderungsstrukturen in höheren Kognitionsstufen[104] dienen der Erfassung ökonomischer Literalität. Die Abbildung vollständiger Handlungen geschieht somit nur sehr begrenzt. Auch die überwiegende Nutzung von geschlossenen Antwortformaten ist, wie bereits beim WBT, mit einer Einschränkung der Abbildung komplexerer Lösungsräume verbunden[105]. Dieses Problem kann durch Integration der Lösungskomplexität in die post-hoc Bestimmung der Schwierigkeitsdeterminanten wohl teilweise umgangen werden.

---

[104] Es werden nur drei kognitive Prozeduren unterschieden. Insbesondere die komplexeren Prozesse „Entscheiden" und „Kreieren" sind im Konzept zur Erfassung des „ökonomischen Könnens und Wissens" nicht berücksichtigt (siehe Tabelle 4 bzw. Kapitel 3.1.3.).
[105] Das Vorliegen offener und geschlossener Antwortformate würde unter Umständen die Untersuchung der durch den WBT aufgeworfenen Frage nach der Diskriminierung weiblicher Probanden ermöglichen (siehe Kapitel 5.1.4.)

Die Nutzung der IRT ermöglicht eine kriteriumsorientierte Interpretation[106] und verbessert zudem die Schätzung der Leistungswerte im Vergleich zur KTT. Die komplexe Instrumentenstruktur deckt das Kompetenzkonstrukt bezüglich der Erfassung motivationaler und affektiver Komponenten in der Form ab, wie es die erarbeitete Arbeitsdefinition der kaufmännischen Handlungskompetenz erfordert. Dennoch wirkt die Analyse und Interpretation zu sehr auf den kognitiven Bereich ausgerichtet, um dem Konstrukt in seiner Gesamtheit zu entsprechen.[107]

## 5.3 Untersuchung von Leistungen, Motivation und Einstellungen (ULME)

Die drei ULME –Studien verschreiben sich dem bildungspolitischen Ziel der Qualitätssicherung. Die Erhebungsdaten der Längsschnittuntersuchung stammen aus den Jahren 2002 bis 2005. Es wurden Lerneingangsvoraussetzungen (ULME I), Lernverläufe (ULME II) und Erfolgsquoten bzw. Lernergebnisse (ULME III) ermittelt und ausgewertet (vgl. Lehmann/Seeber/Hunger 2013, S. 19ff.). Das komplexe Instrumentarium erfasst kognitive, motivationale und Einstellungskomponenten. Diese Komplexität macht eine Fokussierung der Betrachtung notwendig. Im hiesigen Rahmen wird vor allem ULME III, im speziellen die Fachleistungstests im Berufsfeld „Wirtschaft und Verwaltung" untersucht.

### 5.3.1 Theorie-Konzeptions-Herleitung

a)  Untersuchungsgegenstand und Zielsetzung

Die Hauptziele von ULME III werden wie folgt aufgeführt (vgl. Lehmann/Seeber/ Hunger 2013, S. 21f.):

▪ Ermittlung allgemeiner/beruflicher Kompetenzen am Berufsausbildungsende

▪ Vergleich berufsspezifischer und übergreifender Kompetenzen zwischen bzw. innerhalb von Ausbildungsberufen

▪ Bestimmung von Determinanten des Ausbildungserfolgs

---

[106] Ergebnisse hierzu liegen noch nicht vor.
[107] Dieser Aspekt kann auch in die Befunde zur Konsistenz des Forschungsverlaufs aufgenommen werden.

- Identifikation von Gruppen mit erwartungswidrigem Kompetenzverlauf

Den Schwerpunkt bildet dabei die Erfassung berufsspezifischer Kompetenzen im Hinblick auf Sach- und Methodenkompetenz, sowie die Ermittlung von Determinanten innerhalb der Lernumwelt (vgl. ebenda, S. 21; 26).

b) Kompetenzdefinition

Eine das Projekt umfassende Kompetenzdefinition findet sich in keinem der Endberichte der ULME-Teilprojekte. Theoretische Grundlagen werden jedoch unter anderem in einer Abhandlung von Brand, Hofmeister und Tramm erörtert. Die fundamentalen Kompetenzelemente äußern sich im Subjekt- und Performanzbezug, Erlernbarkeit, Mehrdimensionalität und Domänenspezifität. Es wird ein Konzept der Handlungskompetenz beschrieben, welches sich an Lernbereichen oder Fächern als Domäne ausrichtet und von der Reetz'schen Definition abzugrenzen ist (vgl. Brand/Hofmeister/Tramm 2005, S. 6).

Die Abgrenzung fordert den Bezug zu authentischen Lebenssituationen und Reflexion berufspraktischen Handelns, allerdings unter Berücksichtigung des Bildungsauftrags der Berufsschule. Entsprechend muss mit dieser Auslegung eine Urteilsfähigkeit und Anpassungsfähigkeit an sich ändernde Umweltbedingungen einhergehen (vgl. ebenda, S. 7).

c) Kompetenzdimensionen

Die Dimensionierung der Kompetenz wird im Rahmen des Performanzbezugs erörtert. Die Dimensionen entsprechen zwei Teilleistungen. Erstens sind dies kognitive, affektive und volitionale Aspekte zur angemessenen kognitiven Modellierung von Handlungssituationen. Zweitens die operative Kompetenz, die sich durch Problemlösen sowie der Regulation im praktischen Handeln äußert (vgl. ebenda).

## 5.3.2 Messmodellierung

a) Inhaltsanalyse und Aufgabenkonstruktion

Für die Konstruktion berufsspezifischer Aufgaben wurde aufgrund hoher zeitlicher und personaler Restriktionen ein pragmatischer Ansatz zur Itementwicklung gewählt (vgl. Seeber 2008, S. 75; Brand/Hofmeister/Tramm 2005, S. 8). Daher wurden Rahmenbedingungen für die Bearbeitung im Vorfeld beschlossen:

- Konzentration auf kognitive Dimension mit berufsspezifischem Wissen
- Abdecken des Spektrums beruflicher Leistungssituationen in unterschiedlichen Anspruchsniveaus
- Große Anzahl unabhängiger Einzelaufgaben geringer Komplexität

Im Vordergrund der Konzeption stand die curriculare Validität, sowohl im Hinblick auf inhaltliche als auch kognitive Anspruchsanforderungen. Die Inhaltsanalyse sollte durch Gewinnung unterschiedlicher Inhaltsbereiche und einer Gewichtung dieser auf Basis von Lehrplänen, Gliederungsschwerpunkten in Kammerprüfungen oder auch aus Systematiken relevanter beruflicher Situationen erfolgen (vgl. ebenda, S. 9f.). Dies führte zur Abbildung von vier groben inhaltlichen Aufgabenbereichen, die weiter ausdifferenziert wurden (vgl. Tramm/Seeber 2006, S. 280):

- Betriebswirtschaftliche Organisation und Leistungsprozesse
- Rechtliche Normierungen
- Wertschöpfungsdimension (Rechnungswesen)
- Volkswirtschaftslehre und gesamtwirtschaftliche Strukturen

| Wissensarten | Kognitive Leistung | | |
| --- | --- | --- | --- |
| | Reproduzieren Soll: 30% Ist: 21% | Anwenden/Verstehen Soll: 60% Ist: 79% | Kritisieren/Reflektieren Soll: 10% Ist: 0% |
| Fakten Soll 20% Ist: 20% | | | |
| Konzepte Soll: 50% Ist: 71% | | | |
| Prozeduren Soll: 30% Ist: 8% | | | |

*Tab. 7: Klassifikationsmatrix für ULME III mit Soll/Ist Werten in Anlehnung an Brand/Hofmeister/Tramm 2005, S. 10; 17.*

Die kognitive Anspruchsabdeckung erfolgt mithilfe eines Klassifikationsrahmens, welcher sich durch die Dimensionen des kognitiven Anspruchsniveaus und unterschiedliche Wissenskategorien speist[108]. Diese Matrix diente als Unterstützung, um

---

[108] Dies erfolgt in Anlehnung an die Ausführungen von Anderson und Krathwohl und ihre Modifizierung der Bloom'schen Taxonomiestufen (vgl. Anderson/Krathwohl 2001, S. 46ff; siehe auch Kapitel 3.1.3.). Die Wissensarten „Analysieren", Bewerten", „Erschaffen" werden dabei zu einer Kategorie „Kritisieren/Reflektieren" zusammengefasst. Auch „Verstehen" und „Anwenden" werden integriert. Dies wird

anvisierte Werte für die einzelnen Leistungsniveaus und entsprechende Streuungen zu erreichen (vgl. Hofmeister 2005, S. 1). Die Soll- und Ist-Werte für den Bereich „Wirtschaft und Verwaltung" wurden dabei vom Autor dieser Arbeit in die Klassifikationsmatrix integriert (siehe Tabelle 7). Die Erfassung und Gewichtung der Inhaltsbereiche sowie die a priori formulierten Anforderungsniveaus erfolgte durch Fachdidaktiker[109]. Die Aufgaben wurden durch Fachbereichsleiter und Lehrkräfte der einschlägigen Berufe erstellt (vgl. Lehmann/Hunger 2013, S. 29).

Die Größe des Itempools und die Antwortformate variieren zwischen den Ausbildungsberufen (72-115 Items), in der Regel wurden Multiple-Choice-Formate oder Wahr-Falsch-Aufgaben verwendet, vereinzelt Zuordnungsaufgaben oder offene Formate, die meist Rechenaufgaben beinhalteten (vgl. Seeber 2013a, 154ff.). In den jeweiligen berufsspezifischen Aufgabenpools sind zudem 30 berufsübergreifende Ankeritems enthalten, welche die Verortung der Fähigkeiten auf einer eigenen Skala ermöglichen (siehe Anhang 11. F); vgl. Lehmann/Hunger 2013, S. 38f.).

b)  Testaufbau und -durchführung

Der gesamte Testumfang der Erhebung dauerte rund acht Unterrichtsstunden und bestand aus folgenden Tests bzw. Befragungen, welche durch Lehrkräfte in Berufsschulen durchgeführt wurden (vgl. Lehmann/Hunger 2013, S. 29ff.):

| **Allgemeine kognitive Fähigkeiten** (Tests) | • Kurzform CFT 20<br>• Leseverständnis, Rechenfertigkeiten<br>• Fachenglisch<br>• metakognitive Fähigkeiten |
|---|---|
| **Selbsteinschätzung situativer Merkmale** (Fragebögen) | • Einschätzungen der sozialen, soziobiografischen und kulturellen Situation |
| **Erfassung beruflicher Methoden und Fachkompetenz** (Tests) | • Fachleistungstests für 17 Ausbildungsberufe (7 in „Wirtschaft und Verwaltung") |

*Tab. 8: Überblick über die Testinstrumente von ULME III*
*aus: Lehmann/Hunger 2013, S. 31.*

---

auf die überwiegend geschlossenen Antwortformate zurückgeführt, in welchen sich ein „kreierender Prozess" nicht realisieren lässt. Im Bereich der kognitiven Prozeduren wurde zudem auf metakognitive Anwendungsbereiche verzichtet (vgl. Brand/Hofmeister/Tramm 2005, S. 12). Für ausführliche Beschreibungen der Klassifikationsmatrix siehe Hofmeister 2005, S. 1ff.
[109] Verantwortlich zeichnete sich das Institut für Berufs- und Wirtschaftspädagogik der Universität Hamburg unter Leitung von Prof. Dr. Tade Tramm und Prof. Dr. Willi Brand.

Die Fachleistungstests umfassten 90 Minuten. Sie bestanden aus unterschiedlich vielen Items. Spezifika bezüglich der Testzusammenstellung, ob z.B. ein Matrix-Design vorlag, gehen aus den Unterlagen nicht hervor.

c)  Testmethode und Ermittlung der Kompetenzausprägung

Die nominal- und ordinalskalierten Merkmale der Fragebogen wurden mit KTT-Methoden berechnet. Zentrale Indikatoren sind meist Mittelwerte bzw. Häufigkeitsverteilungen. Die Ergebnisse der kognitiven allgemeinen Fähigkeiten und Fachleistungstests wurden mit der probabilistischen Testtheorie berechnet und analysiert. Zudem wurden die kognitiven Grundfähigkeiten zu einem allgemeinen Fachleistungsindex aggregiert (vgl. Seeber 2013b, S. 64f.). In einigen Berufen wie z.B. Bürokaufmann/-frau wurden exemplarisch Dimensionsanalysen durchgeführt, um eine mögliche inhaltliche Differenzierung von Kompetenzfacetten zu überprüfen. Dies geschah mit Hilfe von Rasch-Modellen (vgl. Seeber 2008, S. 79ff.).

d)  Pretests, Haupterhebung und Normierung/Standardisierung

Die Pilotierung der Items erfolgte von November 2004 bis Januar 2005 an berufsbildenden Schulen in Berlin. Sie wurden unter Verantwortung der Humboldt-Universität zu Berlin untersucht. Auf Basis teststatistischer und auswertungsökonomischer Kriterien wurden die Items für die Hauptuntersuchung ausgewählt bzw. überarbeitet (vgl. Lehmann/Hunger 2013, S. 29).

| Ausbildungsberuf | Schulen | Klassen | Anzahl |
| --- | --- | --- | --- |
| Bankkaufmann/-frau | 1 | 10 | 190 |
| Bürokaufmann/-frau | 2 | 9 | 160 |
| Kaufmann/Kauffrau im Einzelhandel | 4 | 20 | 319 |
| Industriekaufmann/-frau | 1 | 3 | 58 |
| Speditionskaufmann/-frau | 1 | 6 | 98 |
| Werbekaufmann/-frau | 1 | 6 | 121 |
| Rechtsanwalts-/Notarfachangestellte/-r | 1 | 6 | 83 |

*Tab. 9: Stichprobe für den Bereich „Wirtschaft und Verwaltung"*

Genaue Fallzahlen sind dem Endbericht nicht zu entnehmen. Für den Fachleistungstest der Bürokaufmänner/-frauen geht aus anderen Veröffentlichungen hervor, dass 128 Jugendliche aus sieben Klassen bei der Pilotierung und 156 aus neun Klassen in der Hauptuntersuchung getestet wurden. Welches Verfahren dieser Stichprobenziehung unterliegt, wird nicht angegeben (vgl. Seeber 2008, S. 77). Insgesamt wurden 2242 Schülerinnen und Schüler in ULME III getestet[110], 1029 davon aus dem Bereich „Wirtschaft und Verwaltung"[111] (siehe Tabelle 9).

Die Ergebnisse zu kognitiven Grundfähigkeiten als auch die der Leistungstests wurden auf Basis der probabilistischen Testtheorie standardisiert. Für letztere erfolgte dies berufsgruppenspezifisch. Dabei wurden die Daten der Pilotierung und der Hauptuntersuchung verknüpft (vgl. Lehmann/Hunger 2013, S. 56f.).

e)  Ermittlung der Gütekriterien

Die berufsbezogenen Fachleistungstests wurden zunächst mittels KTT-Verfahren auf ihre Güte geprüft. Hierbei wurden insbesondere Reliabilitätsmaße wie Trennschärfekoeffizienten als auch interne Konsistenz (Cronbach's Alpha) verwendet. Beispielsweise weist der Test für den Beruf Bürokaufmann/-frau eine WLE-Reliabilität von 0,87 und Diskriminanzwerte zwischen 0,18 und 0,49 auf. Zudem liegen Modell-Fit-Statistiken vor. Die WLE-Reliabilitäten für die ein- bzw. zweidimensionalen Modelle für Bürokaufmann/-frau betragen 0,81 bzw. 0,79 (vgl. Seeber 2013a, S. 155). Bezüglich der inhaltlichen Validität wird auf die Vorgehensweise verwiesen (siehe Punkt a)). Auch die überregionale curriculare Validität gilt als gesichert (vgl. ebenda, S. 154).

## 5.3.3 Verwertung der empirischen Ergebnisse

Der Endbericht des Projekts ULME III umfasst mehrere Kapitel mit Auswertungen zu den einzelnen Tests und Fragebögen, welche nicht im Einzelnen erörtert werden sollen. Es wird insbesondere Bezug genommen auf die Fachleistungstests.

a)  Analyse und Darstellung

Die Ergebnisse sind für die sieben Berufe im Endbericht einzeln dokumentiert. Die Analysen erfolgten mithilfe von Methoden der KTT und IRT. Neben textlichen Ausführungen liefern Tabellen und Diagramme Informationen über Modell-Fits, Itemschwierigkeiten, Leistungsverteilungen sowie Determinanten der Leistung.

---

[110] Dabei basieren die Längsschnittuntersuchungen auf 1311 Jugendlichen. Dies entspricht einer Panelmortalität von 57 % (vgl. Lehmann/Hunger 2013, S. 45).
[111] Ein entscheidendes Auswahlkriterium für die inkludierten Ausbildungsberufe war der quantitative Umfang und damit die Bedeutsamkeit für den Ausbildungsstellenmarkt (vgl. ebenda, S. 28).

Zentraler Bestandteil jeder Analyse sind zudem die Verteilungskurven in Abhängigkeit von den Skalenwerten, hier beispielhaft für zwei Berufe dargestellt:

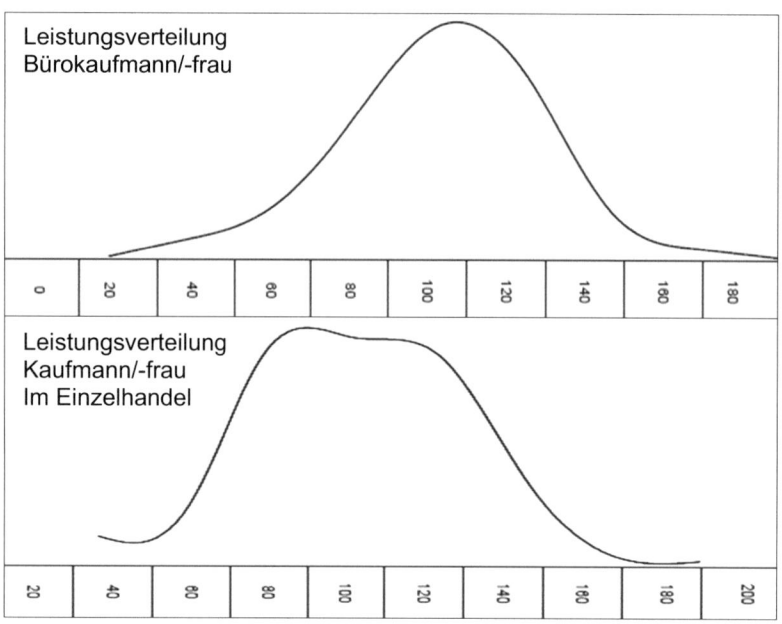

**Abb. 12: Verteilungskurven der Leistungen im Fachleistungstest[112]**
**aus Seeber 2013a, S. 164; 188.**

Den einzelnen Skalenabschnitten der berufsspezifischen Verteilungskurven wurden Beispielaufgaben zugeordnet, um die unterschiedlichen Anspruchsniveaus aufzuzeigen (vgl. Anhang 11. G)). Allerdings ist weder die Auswahl dieser Beispiele dokumentiert, noch wird näher auf sie eingegangen. Die Möglichkeit der Aufstellung eines Kompetenzniveaumodells, wie es Seeber in einer eigenständigen Publikation für den Beruf Bürokaufmann/-frau vornimmt, wird im Rahmen des Endberichts nicht realisiert[113] (vgl. Seeber 2008, S. 93). Eine kriteriale Interpretation erfolgt hier vielmehr in verbalen Ausführungen anhand unterschiedlicher Charakteristika von Items, welche die Jugendlichen mit hoher bzw. niedriger Wahrscheinlichkeit imstande waren zu lösen (vgl. Seeber 2013a, S. 158ff.).

Bezüglich der Dimensionalität werden für den Beruf Bürokaufmann/-frau zwei Modellvarianten geprüft (vgl. Seeber 2013a, S. 156; auch Seeber 2008, S. 79ff.). Dabei erwies sich die zweidimensionale Variante, mit Rechnungswesen als eigenständige Komponente,

---

[112] Hierbei sei darauf verwiesen, dass die Standardisierung innerhalb der Berufe erfolgte. Die Verteilungskurven sollten daher nicht miteinander verglichen werden.
[113] Dies ist wahrscheinlich auf die teilweise erwartungswidrigen Verläufe der Verteilungskurven zu erklären (siehe Abbildung 12).

neben den restlichen drei Inhaltsbereichen (siehe Punkt a)) als mögliche, wenn auch teststatistisch nicht eindeutige Lösung (vgl. Anhang 11. H)). Aufgrund dieser Tatsache wurden weitere differentielle Analysen für beide Varianten durchgeführt. Als besonders erwähnenswert gilt hier eine Kommunalitätenanalyse, welche auf unterschiedliche Erklärungsstrukturen innerhalb der Inhaltsbereiche hinweist (siehe Anhang 11. I)).

Die zentralen Befunde können dabei wie folgt zusammengefasst werden (vgl. Seeber 2013a, S. 156ff.):

- Stärken der Jugendlichen im Bereich von Routinewissen und erfahrungsbasierten Lösungsansätzen, Probleme im Bereich ökonomischer Modellierungen und komplexen Sachverhalten
- Rechnungswesen als isolierter Inhaltsbereich in einem zweidimensionalen Modell möglich
- Kein signifikanter Einfluss von Einstellungen bzw. Motivation, jedoch von kognitiven Grundfähigkeiten auf die Fachleistungen
- Keine Bestätigung der a priori festgelegten Itemschwierigkeitsmerkmale

Differenzierte, berufsübergreifende Analysen, unter Nutzung der Ankeritems, liegen nicht vor[114]. Interessant wäre hierbei jedoch eine Gegenüberstellung der Kompetenzen der unterschiedlichen Ausbildungsberufe (vgl. ebenda, S. 225).

b) Interpretation

Bezüglich der Stärken (Alltagsroutinen) und Schwächen (Modellierung) führen die Autoren aus, dass hierfür mangelnde Transferleistungen auf situative Kontexte verantwortlich sein könnten. Als eine mögliche Ursache wird die Lernfeldstruktur angeführt, welche womöglich exemplarisches Lernen überbetont, betriebliche Prozesse und Alltagserfahrungen in den Vordergrund stellt und weniger situationsvariante Anwendungen kognitiver Potentiale initiiert (vgl. ebenda, S. 227).

Die Möglichkeit, dass sich Rechnungswesen von den anderen inhaltlichen Bereichen als eigenständige Komponente isolieren lässt, wird insbesondere in Verbindung mit der Kommunalitätenanalyse interpretiert. So sind es die fachspezifischen Konzepte, Begrifflichkeiten und Prozeduren, deren mangelnde Ausprägung nur begrenzt durch allgemeine kognitive Leistungen kompensiert werden können (vgl. ebenda, S. 174).

---

[114] Die Autoren verweisen auf zukünftige Publikationen.

Eine Interpretation der fehlenden deterministischen Effekte motivationaler Elemente kann dem Bericht nicht entnommen werden.

Aus den post-hoc Analysen der vorab definierten schwierigkeitsbestimmenden Merkmale, zog man den Schluss, dass andere Merkmale die Leistungsdifferenzen prägen. „Dies können sehr verschiedene Anforderungsmerkmale sein, die sich auf das vorausgesetzte Fachwissen, erforderliche Bearbeitungsstrategien, die Komplexität der gegebenen Situationsbeschreibungen und/oder der zur Lösung der Aufgabe erforderlichen Denkprozesse, die Repräsentationen der benötigten Inhalte u. a. m. beziehen. (ebenda, S. 192)"

### 5.3.4 Herausforderungen des Forschungsprojektes

a) Konsistenz des Forschungsverlaufs

Das Projekt zeichnet sich anders als die bisher aufgezeigten Studien durch seinen Längsschnittcharakter aus. Dies erfordert eine entsprechende Komplexität im Untersuchungsdesign und der Instrumenteentwicklung, insbesondere im Hinblick auf die Mehrdimensionalität (Leistungen, Einstellungen, Motivationen) des zugrunde gelegten Kompetenzkonstrukts. Die Restriktionen, welche die Projektleitung unterlag, hatten ein entsprechend pragmatisch geprägtes testökonomisches Vorgehen zur Folge (vgl. Tramm/Seeber 2006, S. 279).

Somit wurde die theoretische Grundlage eines handlungsorientierten Kompetenzverständnisses, welches sich beispielsweise durch den Bezug zu komplexen, beruflichen Situationen und kontextspezifischen Anforderungen auszeichnet, in ein vergleichsweise stark kognitives Messmodell mit geringen Reichweiten (z.B. durch Beschränkung auf untere Taxonomiestufen) übertragen. Die Tests zu Einstellungen, Motivation etc. scheinen nur bedingt in Bezug zu den Leistungen gesetzt. Ihre Ergebnisse werden in unterschiedlichen Kapiteln behandelt und Zusammenhänge nur fragmentiert dargestellt. Auch der in Bezug auf die Fachleistungstests vorab definierte Anspruch der Messung von Methoden- und Fachkompetenzen, kann im Ergebnismaterial in Form differentieller Ausführungen nicht wiedererkannt werden (vgl. Lehmann/Hunger 2013, S. 31).

Auf einige methodische Grenzen im Projektverlauf sei im Rahmen der folgenden Auflistung verwiesen (siehe hierzu auch Winther/Achtenhagen 2008, S. 526):

- Geringe Verbindung zwischen anderen Testinstrumenten und Ergebnissen in Bezug auf Einstellungen und Motivation durch pragmatische Eingrenzung auf kognitive Komponente bei Leistungstests
- Beschränkung auf untere kognitive Prozesse, damit keine ausreichende Abdeckung der Komplexität „beruflicher Kompetenz"
- Keine Festlegung von Kriterien für spezifische Fachkenntnisse, domänenübergreifende, allgemeine kognitive Fähigkeiten bewältigungsnotwendig
- Theoretische Anforderungen an Aufgaben nicht durch Aufgabenentwickler eingehalten (siehe Tabelle 7), keine empirische Bestätigung der a priori definierten schwierigkeitsrelevanten Merkmale
- Zusammenführung von Daten der Pilotierung und Hauptuntersuchung methodisch durchaus umstritten (vgl. Lehmann/Hunger 2013, S. 57)
- Teils zu kleine Stichproben für Analysen wie z.B. Strukturgleichungsmodelle im Rahmen der Dimensionsmodellierung (vgl. Seeber 2013a, S. 156f.)
- Eingeschränkte Repräsentativität der Daten (siehe Punkt b))

So ist die Studie durchsetzt von einer gewissen mangelnden „Passung" der Tests im Sinne eines Gesamtmodells. In seiner theoretischen Konstruktion ist es jedoch positiv hervorzuheben, werden damit unterschiedlichste Facetten des Kompetenzkonstruktes ausgeleuchtet. Nimmt man Abstand von den stichprobenbedingten Problemen, ist zudem ein präzises wissenschaftliches Arbeiten seitens der Modellierung und Auswertung mit unterschiedlichsten analytischen Methoden der KTT und IRT zu würdigen.

b) Einschätzung der Gütekriterien

Es liegen nur wenige Informationen bezüglich der Güte der Messwerte des Fachleistungstests vor. Die angegebenen Reliabilitätswerte weisen gute Ausprägungen auf. Die bereits aufgeführten Probleme im Zusammenhang mit den Stichproben (siehe Kapitel 5.3.3. Punkt b) bzw. Kapitel 5.3.4. Punkt a)), insbesondere die Verknüpfung der Daten aus der Pilotierung und der Hauptuntersuchung erfordern jedoch den Schluss, die Ergebnisse zumindest als testgütekritisch einzustufen.[115]

---

[115] Obwohl der Test sich aus Hamburger Curricula ableitet und die Kompetenzen Hamburger Schüler(innen) erhoben werden sollen, fand die Pilotierung an Berliner Oberstufenzentren statt. Auch die geringe Anzahl teilnehmender Schulen zieht in Anbetracht der differenziellen Analysen, die zum Teil große Leistungsunterschiede zwischen den Schulen aufwiesen, Probleme nach sich. So ist fraglich, ob die Grundgesamtheit genügend repräsentiert wird (vgl. Seeber 2013a, S. 194).

Auch die Konstruktvalidität muss aufgrund der Tatsache, dass die schwierigkeitsrelevanten Merkmale nur in den unteren Ausprägungsstufen erhoben wurden, relativiert werden. Die inhaltliche Validität scheint in Bezug auf das (Hamburger) Curriculum, aufgrund der gut durchdachten Vorgehensweise und der Koordination zwischen Fachdidaktikern und praxiserfahrenen Lehrer(inne)n, gegeben.

### 5.3.5 Beitrag zur Erfassung kaufmännischer Handlungskompetenz

Auch dieses Verfahren kann wertvolle Erkenntnisse, sowohl empirischer, aber insbesondere konzeptioneller Art, für die Erfassung kaufmännischer Handlungskompetenz liefern. Trotz der Mängel, insbesondere bei der Stichprobenziehung und der Umsetzung bei der Aufgabengestaltung, gehören die Ergebnisse zu den besten empirisch abgesicherten ihrer Art (vgl. Rosendahl/Straka 2011, S. 12).

So sind die theoretischen Ausführungen hinsichtlich des Konstrukts zur Erfassung beruflicher Handlungskompetenzen und die daraus resultierenden Hinweise für die Aufgabenkonstruktion als Fundament zukünftiger Messungen zu empfehlen (vgl. Brand/Hofmeister/Tramm 2005, S. 3ff.). Zudem ermöglicht das dem Projekt zugrunde gelegte Instrumentarium die Erfassung der unterschiedlichen Performanzbereiche kaufmännischer Handlungskompetenz (siehe Tabelle 8). Auch die Ableitung von Themen aus Curricula unterschiedlicher Berufe des Bereiches „Wirtschaft und Verwaltung", unter Beachtung des Lernfeldansatzes, weist Parallelen zu den hier empfohlenen Handlungsfeldern auf. Eine detaillierte Analyse scheitert jedoch an den verfügbaren Unterlagen. Die Abgrenzung von der Ausdifferenzierung in Selbst-, Sach-, Methoden und Personalkompetenz weist jedoch eine konzeptionelle Differenz zum Verständnis der Handlungskompetenz im hiesigen Rahmen auf (vgl. ebenda, S. 7).

Die Ergebnisse des Projekts sind als besonders wichtig für die inhaltliche Dimensionierung kaufmännischer Berufe zu erachten. Die mögliche Isolierung der Inhalte des Rechnungswesens im Sinne eines zweidimensionalen Modells beim Beruf Bürokaufmann/-frau, sollte bei der Konzeption von Messverfahren zur kaufmännischen Handlungskompetenz berücksichtigt und weiter erforscht werden. Zudem konnte ein signifikanter Einfluss kognitiver Grundfähigkeiten auf die Fachleistungen in kaufmännischen Berufen nachgewiesen werden[116] (vgl. Rosendahl/Straka 2011, S. 11f.). Die empirische Nichtbestätigung der Eignung des Merkmals „kognitive Prozesse" hingegen sollte entsprechende Modifizierungen der Instruktionsanweisungen bei der Itemkonstruktion nach sich ziehen.

Eine Niveaumodellierung, welche im vorliegenden Projekt nur am Beispiel der Bürokaufmänner/-frauen vorliegt (vgl. Seeber 2008, S. 93), ist mithilfe der eingesetzten Verfahren der IRT möglich und bietet eine kriteriumsorientierte Einordnung der Fähigkeiten in unterschiedlichen Anforderungsbereichen. Leider liegen diese Modelle, wahrscheinlich aufgrund teststatistischer Defizite, nicht berufsübergreifend vor. Die entsprechenden Versäumnisse in der Projektplanung bzw. aus testökonomischen Gründen resultierenden Restriktionen, sollten in ähnlichen Studien vermieden werden. Dann kann auch die Verwendung der Längsschnittdaten einen entscheidenden Beitrag zur Erforschung von Kompetenzentwicklungen liefern.

## 5.4 Kaufmännische Kompetenz in Ausbildungsgängen des Dualen Systems (KKAD)

### 5.4.1 Theorie-Konzeptions-Herleitung

In der jüngsten Vergangenheit waren es insbesondere Göttinger wirtschaftspädagogische Projekte um Achtenhagen und Winther, welche auf die Erforschung kaufmännischer Kompetenzen abstellten (vgl. Winther/Achtenhagen 2010, S. 18). Es ist im Rahmen dieser Arbeit nicht möglich, die Verfahren und Ergebnisse der einzelnen DFG und BMBF (Bundesministerium für Bildung und Forschung) Projekte aufzuführen, welche in diesem Zusammenhang durchgeführt wurden. Daher soll auf das BMBF Projekt „Konstruktvalidität von Simulationsaufgaben: Computergestützte Messung berufsfachlicher Kompetenz – am Beispiel der Ausbildung von Industriekaufleuten" fokussiert werden, dessen hauptsächliche Durchführung von Juli 2008 bis März 2009 stattfand (vgl. Achtenhagen/Winther 2009, S.1).

---

[116] Auch wenn die Regressionskoeffizienten gering ausfallen, kann dies unter anderem damit erklärt werden, dass das Vorwissen mit einbezogen wurde, welches mangelnde kognitive Grundfähigkeiten zu kompensieren vermag (vgl. Rosendahl/Straka 2011, S. 12).

a) Untersuchungsgegenstand und Zielsetzung

Das Projekt widmet sich vor allem der Messung kognitiver Leistungsdispositionen zur Erfassung domänenspezifischer, beruflicher Handlungskompetenz bei Industriekaufmännern/-frauen. Hierzu sollen innovative Testformate durch computergestützte Simulationen entwickelt werden. Das Vorhaben ergänzt damit das DFG Projekt „Integrierte Kompetenzförderung in den beruflichen Fächern des Wirtschaftsgymnasiums"[117], in welchem die Möglichkeit der Erfassung domänenverbundenen Wissens untersucht wurde (vgl. Winther 2010, S. 141).

Die Ziele lassen sich durch folgende Punkte zusammenfassen: (vgl. ebenda, S. 163; 196; 222f.; Achtenhagen/Winther 2009, S. 3):

- Prüfung der Eignung authentischer, arbeitsreal ausgerichteter Computersimulationsaufgaben für internationale Large-Scale Untersuchungen[118]
- Aufzeigen tätigkeitsbezogener Messungen von Handlungskompetenz
- Erforschung messbarer Dimensionen beruflicher Handlungskompetenz
- Prüfung der Möglichkeiten zur Darstellung eines Kompetenzniveaumodells

Damit stehen die Messung als solche sowie die Bestätigung der Konstrukt- und Modellannahmen im Mittelpunkt, weniger die Ergebnisse der Leistungsmessungen selbst.

b) Kompetenzdefinition

Das Kompetenzkonstrukt wird durch Setzung eines Referenzrahmens hergeleitet. Dieser speist sich bezüglich der kognitiven Strukturen aus der von Anderson begründeten „Adaptive Character of Thought" (ACT) – Theorie.[119] Als Kompetenzkriterien extrahiert Winther hierbei die Kontextualisierung und Erlernbarkeit, sowie die zentrale Annahme, dass der Umfang der Bereichsspezifität sich in unterschiedlichen Wissensstrukturen ausdrückt.

---

[117] Zudem wurde der Test im Rahmen des DFG-Projektes „Systemisches Verstehen von Geschäftsprozessen" auf Basis der IRT reanalysiert, um die Kompetenzdimensionen zu ermitteln und die Validität des Tests zu überprüfen (vgl. Winther 2010, S. 164).

[118] Damit soll sichergestellt werden, dass die deutschen Auszubildenden mit den normalen Papier-und-Bleistift Testformaten nicht benachteiligt werden (vgl. Achtenhagen/Winther 2009, S.3).

[119] Die Theorie beschreibt die komplexen Zusammenhänge bei der Interaktion deklarativer Wissensbestandteile und proceduraler Fähigkeiten durch ein kognitives Architekturmodell (vgl. Anderson 1995, S. 355. Für die berufliche Bildung ist hierbei insbesondere die Herausbildung von Routinen von großem Interesse (vgl. Winther 2010, S. 23f.).

Die Reichweiten von Kompetenzen, als zweite Säule des Referenzrahmens, konstruieren sich aus dem entwicklungspsychologischen Modell von Gelman und Greeno. Demnach wirken die drei Komponenten

- conceptual competence: regelbasiertes, abstraktes domänenspezifisches Wissen
- procedural competence: Prozeduren und Fertigkeiten bei Anwendung von conceptual competence
- utilization competence: Fähigkeiten zur regulativen Erfassung von Anforderungssituationen

beim Vollziehen vollständiger Handlungen zusammen (vgl. Gelman/Greeno 1989, S. 136; siehe 3.1.3.). Diese werden in domänenübergreifende und -spezifische Kompetenzen unterschieden (vgl. Gelman/Greeno 1989, S. 137ff.; Winther 2010, S. 22ff.; Achtenhagen/Winther 2008, S. 128f.).

Mithilfe dieser strukturgebenden Voraussetzungen und der Analyse unternehmerischen Entscheidungshandelns (vgl. Winther/Achtenhagen 2008, S. 527) wird kaufmännische Kompetenz definiert als „Fähigkeit, auf Grundlage eines systemischen Verstehens betrieblicher Teilprozesse und deren Rekonstruktion aus realen Unternehmensdaten in berufsrealen Situationen unternehmerische Entscheidungen treffen und diese validieren zu können, um damit das eigene Wissens- und Handlungspotential vor dem Hintergrund der Entwicklung individueller beruflicher Regulationsfähigkeit auszubauen" (Winther/Achtenhagen 2009, S. 522).[120]

c) Kompetenzdimensionen

Auf Basis der theoretischen und teilweise empirisch bestätigten Modellannahmen, werden Handlungsbereiche und -abfolgen unterschieden.[121] Handlungsbereiche gliedern sich in domänenübergreifende[122] und domänenspezifische Fähigkeiten auf. Das Projekt fokussiert auf die Erfassung letzterer Fähigkeiten und bezeichnet diese als berufsfachliche Kompetenzen. Sie werden aufgrund des Tätigkeitsbezugs der Messung auf Geschäftsvorfälle bezogen.

---

[120] Zudem erfolgt eine Orientierung an der Kompetenzdefinition der PISA-Studien.
[121] So wurde der Einfluss domänenverbundener Leistungsbereiche auf domänenspezifisches Wissen im Fach Betriebswirtschaftslehre im Fachgymnasium nachgewiesen (vgl. Winther/Achtenhagen 2008, S. 521f.).
[122] „Economic literacy" erfasst text- und bildsprachliche Fähigkeiten sowie grundlegendes ökonomisches Verständnis. „Economic numeracy" bezieht sich auf mathematische Grundfähigkeiten bei Berechnung und Interpretation unternehmensinterner Bezüge (vgl. Winther 2010, S. 54f.). Zudem werden technische Fähigkeiten, z.B. im Umgang mit Software, benötigt (vgl. Winther/Achtenhagen 2010, S. 18).

Durch Orientierung an der prozessualen Bearbeitung dieser Geschäftsvorfälle werden zwei grundlegende Dimensionen, handlungsbasierte und verstehensbasierte Kompetenzen, unterschieden. Erstere stehen in unmittelbarem Bezug zu Geschäftsvorfällen und zeichnen sich durch Erfassung des damit zusammenhängenden Problemkomplexes und dessen Lösung sowie Validierung aus. Verstehensbasierte Kompetenzen beinhalten Wissen über zentrale Konzepte und Theorien der Domäne im Sinne eines ganzheitlichen, funktionalen Verständnisses, über den einzelnen Geschäftsvorfall hinaus. (vgl. Winther 2010, S. 200f.). Die beiden Dimensionen und ihre Subkategorien sind in Abbildung 13 dargestellt.

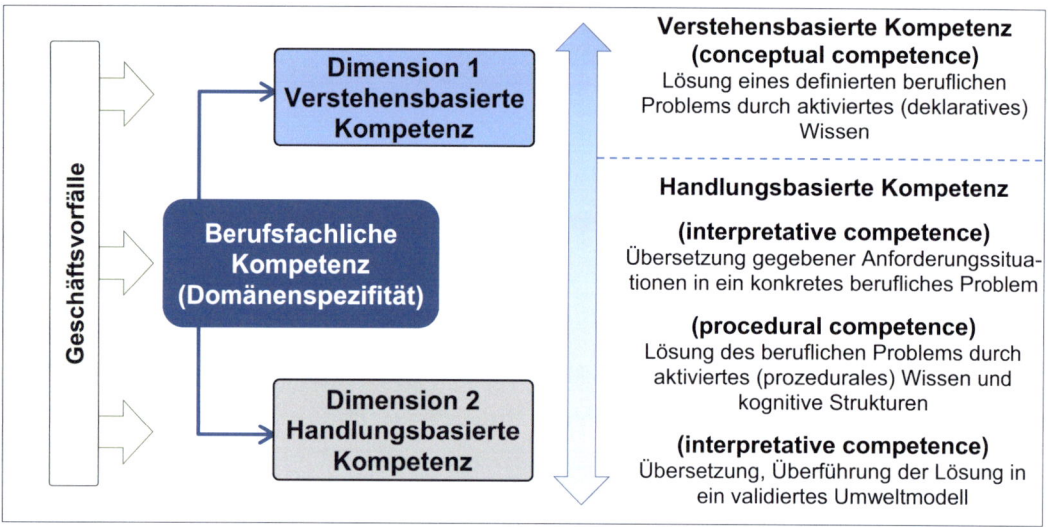

*Abb. 13: Kompetenzstrukturmodell für berufsfachliche Kompetenz*
*aus: Winther 2010, S. 200.*

## 5.4.2 Messmodellierung

a)  Inhaltsanalyse und Aufgabenkonstruktion

Die inhaltliche Ausgestaltung der Anforderungssituationen und der konstruierten Aufgaben ergibt sich aus der spezifischen Domäne. Das vorab generalistisch konzipierte Domänenmodell kaufmännischer Bildung (vgl. ebenda, S. 92) wurde aufgrund der Projektzielsetzungen transformiert.[123] Daher konzentrieren sich die Messinhalte

---

[123] Die Dreiteilung der Unternehmensprozesse zur Identifikation von Lern- und Arbeitsanforderungen wurde, in Anbetracht der im internationalen Vergleich unterschiedlichen Interpretation bei Unterstützungsprozessen, aufgegeben. Zudem wurden aufgrund der Testung in arbeitsrealen Situationen

auf die betriebliche Wertschöpfung (Inhaltsbereiche Einkauf und Vertrieb) sowie Steuerung (Inhaltsbereich Arbeitsvorbereitung). Die Gewinnung und Auswahl der Inhaltsbereiche erfolgte durch (vgl. Achtenhagen/Winther 2009, S. 4):

1. Wahl eines Beispielunternehmens mittlerer Größe, einfacher Funktionalitäten
2. Beobachtung an Arbeitsplätzen, Mitarbeiterinterviews zur Ermittlung von Aufgabenhäufigkeiten und -schwierigkeiten
3. Beurteilung der Ergebnisse durch Personal-, Ausbildungsabteilung, Betriebsrat
4. Analyse von Lernberichten, Ausbildungspläne und -ordnungen
5. Analyse von Rahmenlehrplänen sowie ausgewählter Lehrbücher

Als Gestaltungskriterien der Testformate und -items wurden das konzeptionelle Verständnis der Domäne und die Konstruktrepräsentation zugrunde gelegt (vgl. Winther 2010, S. 79ff.).

Durch Analyse des Leistungsspektrums, kognitiver Strukturen und Arbeitstechniken wurden die Anforderungssituationen in ein simuliertes Industrieunternehmen eingebettet. Der Stimulus der Wissensrepräsentationen wird in Form eines Modells betrieblicher Realität dargestellt (vgl. ebenda, S. 202f.).[124] Die Testaufgaben beziehen sich auf reale Arbeitssituationen (z.B. Verhandlungen), Sequenzen von Geschäftsprozessen (z.B. Bestellabwicklung) und kaufmännische Entscheidungen (z.B. Lieferentenermittlung) (vgl. Winther/Achtenhagen 2009, S. 529).

| Stufe | Funktionale Modellierung | Inhaltliche Komplexität | Kognitive Taxonomien |
|-------|--------------------------|-------------------------|----------------------|
| 4 | Herausragend | Wissenschaftl. Prozeduren | Nutzen/Anwenden |
| 3 | Umfangreich | Theoriekonstruktion | Analysieren/Validieren |
| 2 | Teilweise | Systemkohärenz | Elaborieren/Verstehen |
| 1 | Inkorrekt/fehlend | Isolierte Lern-/Wissensinhalte | Abfragen/Wiedergeben |

*Tab. 10: Komplexitätsmerkmale von Anforderungssituationen (4=hoch, 1=gering) in Anlehnung an: Winther 2010, S. 235.*

---

Anpassungen bezüglich der Wissensrepräsentation, des –erwerbs und der äußeren Struktur des Assessments vorgenommen(vgl. Winther 2010, S. 203; Achtenhagen/Winther 2009, S. 5).
[124] Novelis Deutschland GmbH, Werk Göttingen stand hierbei Pate. Damit wurde ein Betrieb mit einfachen Produktionsprozessen, bekannten und international vertriebenen Produkten mit geringen Stückzahlen gewonnen. Der Unternehmensteil konzentriert sich auf Aluminium-Walzerzeugnisse (vgl. Winther 2010, S. 203).

Die Konstruktion der Items erfolgte mit dem Ziel, unterschiedliche Schwierigkeits- und Komplexitätsgrade abzubilden. Dies wurde im Hinblick auf die Art der Repräsentation des Konstrukts über die Prinzipien funktionaler Modellierung, inhaltlicher Komplexität und die Art der kognitiven Beanspruchung konstruiert (vgl. Winther 2010, S. 100ff.). Die Ausprägungen sind in der Tabelle 10 dargestellt.

Es wurden Items konzipiert, welche die getrennte Messung handlungsbasierter und verstehensbasierter Kompetenzen ermöglichen. Erstere werden durch prozessuale Simulationsaufgaben so konstruiert, dass insbesondere prozedurale sowie interpretativ-entscheidende Fähigkeiten zur Lösung führten. Letztere hingegen werden über konzeptuale Anwendungsaufgaben erfasst und zielen vorwiegend auf die Aktivierung deklarativer Wissensbestände ab (vgl. ebenda, S. 220f.). Insgesamt entfallen 34 Items auf handlungs- und 26 auf verstehensbasierte Fähigkeitsstrukturen (vgl. Winther/Achtenhagen 2010, S. 19). Sie erstrecken sich über drei Unternehmensprozesse und neun Arbeitssituationen:

| Testsitu-ationen | Wertschöpfungsprozesse | | Steuerungsprozesse |
|---|---|---|---|
| | Vertrieb | Beschaffung | Arbeitsvorbereitung |
| Testauf-gaben | • Systemeingabe eines Kundenauftrages<br>• Kundenauftrag verfolgen und abhandeln<br>• Absatzentwicklung darstellen | • Erstellung von Lieferantenanfragen<br>• Entscheidung zu Lieferantenwahl<br><br>• Systemeingabe einer Bestellung<br>• Bestellung verfolgen und auf Störungen reagieren | • Kalkulation Maschinenstundensätze<br>• Entwicklung Maschinenstundensätze |

*Tab. 11: Modellierte Testsituationen und –aufgaben*
*in Anlehnung an: Achtenhagen/Winther 2009, S. 357.*

b)  Testaufbau und -durchführung

Die Durchführung folgte einem standardisierten Vorgehen, welches Anleitungen bezüglich der Nutzung der Computer sowie der Aufgabenbearbeitung beinhaltete. Nach Installation und Instruktion erfolgte die Testbearbeitung, welche bei vollem Umfang (alle drei Teilbereiche) zwischen vier und fünf Zeitstunden betrug (vgl. Achtenhagen/Winther 2009, S. 24).

Die Testumgebung enthält (vgl. ebenda, S. 18; siehe Anhang 11. L)):

- Einführungen in die Unternehmensstruktur
- Informationen über die geschäftliche Lage des Unternehmens
- Animierte Elemente zur Steuerung der Situation (Schreibtisch, Sideboard)

Die Itembearbeitungen verlaufen nach folgendem Muster (vgl. ebenda, S. 19f.):

- Einführende Videoclips stellen die Situation dar, charakterisieren das Problem und sind in der Abfolge an Geschäftsprozessen ausgerichtet
- Web-basierte, simulierte Kommunikationsmedien wie Mail, Brief, Fax etc. und Softwaresimulationen stehen als Bearbeitungswerkzeuge zur Verfügung
- Die Lösung wird in einem Dokument festgehalten, welches mit Codenummer versehen, an die Projektleitung versandt wird

c)  Testmethode und Ermittlung der Kompetenzausprägung

Die Schätzung der Personenfähigkeiten erfolgte getrennt nach (vgl. Winther 2010, S. 230):

1. Lösungen handlungsbasierter Simulationen innerhalb betrieblichen Situationen (handlungsbezogene Kompetenz)
2. Lösungen verstehensbasierter Anwendungsaufgaben vor dem Hintergrund betrieblicher Situationen (verstehensbasierte Kompetenz)[125]

Die Berechnung erfolgte mit Hilfe der probabilistischen Testtheorie, sodass die Itemschwierigkeiten und Personenfähigkeiten jeweils auf einer gemeinsamen Skala dargestellt werden können (vgl. ebenda; siehe auch Kapitel 4.3.2. Punkt b)).

d)  Pretests, Haupterhebung und Normierung/Standardisierung

Die Studie kann als Pretest für Large-Scale Messungen interpretiert werden. Die Betrachtung von Vor- bzw. Haupterhebungen entfallen daher. Die Stichprobe bestand aus Industriekaufleuten im 3. Lehrjahr.[126] Die Schulen wurden vorab unter testökonomischen Aspekten ausgewählt.[127] Eine Verzerrung im Hinblick auf die Gesamtheit der Industriekaufleute wird nicht angenommen (vgl. Achtenha-

---

[125] Hiermit wird nur Bezug auf das zweidimensionale Modell genommen.
[126] Aufgrund der Projektlaufzeit wurden nur diejenigen getestet, welche keine Ausbildungsverkürzung realisieren konnten. Die Autoren des Projekt-Endberichts gehen daher davon aus, dass die Probanden über eine eher durchschnittliche Leistungsfähigkeit verfügten (vgl. Achtenhagen/Winther 2009, S. 23).
[127] Die Kriterien waren die Minimierung der Reisekosten und bestehende Kontakte

gen/Winther 2009, S. 24). Insgesamt wurden 264 Jugendliche in sieben Berufsschulen, aus drei Bundesländern getestet (siehe Anhang 11. J)). Gemäß Winther konnte eine angemessene Verteilung der Auszubildenden bezüglich Geschlecht, Alter, Branche und Betriebsgröße erreicht werden (vgl. Winther 2010, S. 224).

e) Ermittlung der Gütekriterien

Die Autoren stellen diverse Statistiken und Ausführungen zur Beurteilung der Messgüte dar und kommen zu dem Schluss, dass eine valide, objektive und reliable Messung vorliegt (vgl. ebenda, S. 247). Insbesondere die Validität wird als Projektzielsetzung detailliert beschrieben. Die Wertung bezüglich der Inhaltsvalidität stützt sich auf die umfangreichen Voruntersuchungen und den hohen Authentizitätsanspruch an die Simulationsgestaltung und die externe Beurteilung durch Ausbilder und Berufsschulexperten. Als Maß konvergenter Validität, im Bereich verstehensbasierter Kompetenzen, wird auf die Ähnlichkeit mit den Ergebnissen der ULME Studie verwiesen. Für den Bereich handlungsbasierter Kompetenzen gibt es keine vergleichbaren Tests. Als Besonderheit wird auf die geringen Möglichkeiten der Erlernbarkeit des Tests im Rahmen der Validität verwiesen (vgl. ebenda, S. 245ff.).[128]

Die Reliabilitätswerte für die Messmodelle weisen EAP/PV-Werte zwischen 0,705 und 0,794 auf (vgl. ebenda, S. 233). Um Schlüsse auf die Objektivität zu ziehen, sei auf die Darstellung des standardisierten Vorgehens im Endbericht verwiesen (vgl. Achtenhagen/Winther 2009, S. 23ff.). Die Inter-Rater-Reliabilität bei der Schwierigkeitsklassifizierung der Items liegt im Bereich $0.818 \leq r_{ICC} \leq 0.946$ (vgl. ebenda, S. 38).

## 5.4.3 Verwertung der empirischen Ergebnisse

a) Analyse und Darstellung

Die Darstellung der Ergebnisse erfolgt in Bezug auf die Modelldimensionen durch eine Vielzahl von Tabellen mit Statistiken bezüglich Modell-Fit und Korrelationen sowie Varianzanteilen der Modellkomponenten. Dabei wird die zweidimensionale

---

[128] So wirken die Komplexität der Teststruktur und die geringe Theorielast einem „teaching for testing" entgegen (vgl. Winther 2010, S. 246).

Variante mit verstehensbasierter und handlungsbasierter Komponente favorisiert[129] (vgl. Winther 2010, S. 224ff.). Es ist im Rahmen der Testkonzeption zudem gelungen, eine hohe Itemstreuung über die Schwierigkeitsbereiche zu realisieren, wie der Wright Map entnommen werden kann (siehe Anhang 11. K)). Zudem lässt sich feststellen, dass die Mehrzahl der Probanden (77,1%) bei Bewältigung handlungsbasierter Items höhere Leistungen erzielte (vgl. ebenda, S. 234).[130]

Die Konstruktion von Kompetenzstufen erfolgt mittels einer linearen Regressionsanalyse. Hierbei werden die Aufgabenschwierigkeiten als eine gewichtete Summe ihrer Merkmale (siehe Tabelle 10) modelliert (vgl. Rost 2007, S. 90). Für die Prädiktion der empirischen Aufgabenschwierigkeiten werden vier Merkmale mit hoher Erklärungskraft ermittelt. Die Regressionsgewichte dieser Merkmale liefern die entsprechenden Kompetenzstufen (siehe Tabelle 12).

| Kompetenzstufe | Stufen-schwelle | Anteil der Auszu-bildenden auf den Stufen der handlungs-basierten Kompetenz (in %) | Anteil der Auszu-bildenden auf den Stufen der verstehens-basierten Kompetenz (in %) |
|---|---|---|---|
| Unter Kompetenzstufe I | -1,479 | 3,10 | 35,50 |
| Kompetenzstufe I: Kaufmännisches Grund- und Regelwissen | -0,723 | 19,50 | 42,70 |
| Kompetenzstufe II: Kaufmännisches Handlungswissen | 0,117 | 52,70 | 21,40 |
| Kompetenzstufe III: Kaufmännisches Analysewissen | 1,410 | 23,30 | 0,40 |
| Kompetenzstufe IV: Kaufmännisches Entscheidungswissen | 3,538 | 1,50 | --- |

*Tab. 12: Kompetenzstufen und prozentuale Verteilung der Auszubildenden aus: Achtenhagen/Winther 2010, S. 20.*

Im Rahmen der Durchführung konnte zudem festgestellt werden, dass die Möglichkeit von Messungen auf Basis von Arbeitsproben nicht realisierbar sind.[131]

---

[129] Zwar sind die Modell-Fits der dreidimensionalen Version, welche handlungsbasierte Kompetenz zusätzlich in interpretative und konzeptuale Fähigkeitsstrukturen aufteilt, der zweidimensionalen Variante vorzuziehen, die beiden Dimensionen weisen jedoch hohe Interkorrelationen auf.
[130] Der Leistungsunterschied beträgt im Mittel über eine Standardabweichung.
[131] Betriebsbedingte Schwierigkeiten, insbesondere der hohe Zeitaufwand bei der Implementierung in den Betrieben, führten zu einer sehr geringen Rücklaufquote (vgl. Achtenhagen/Winther 2009, S. 23).

Zusammenfassend lassen sich die Hauptresultate folgendermaßen darstellen:

- Bestätigung der validen und reliablen Messung berufsfachlicher Kompetenzstrukturen durch Computersimulationen
- Bestätigung einer zweidimensionalen Kompetenzstruktur
- Entwicklung eines Kompetenzniveaumodells mit vier Kompetenzstufen
- Insgesamt höhere Leistungen im Bereich handlungsbasierter Kompetenzen

b) Interpretation

Die Interpretation der Ergebnisse erfolgt bezüglich der grundsätzlichen Ausrichtung auf ein Berufsbildungs-PISA. Es wird geschlussfolgert, dass es möglich ist, die Testbedingungen stark zu normieren und die betriebliche Realität im Rahmen der Testumgebung abzubilden. Die Möglichkeit der Dimensionierung von Handlungskompetenz über zwei unterschiedliche Skalen[132] und die diesbezüglichen Ergebnisse, lassen Achtenhagen und Winther zum Schluss kommen, dass sich die Bevorteilung von vollschulisch ausgebildeten Jugendlichen bei den üblichen Papier-Bleistift-Tests gegenüber den dual ausgebildeten durch diese Art der Testung limitieren lässt (vgl. Winther/Achtenhagen 2009, S. 552ff.). Die Direkterfassung in der betrieblichen Arbeitsumgebung wird aufgrund betriebsbedingter Schwierigkeiten abgelehnt.[133]

Eine kriteriumsorientierte Interpretation im Rahmen eines Kompetenzstufenmodells wird durch Analyse der stufenzugehörigen Items und deren Schwierigkeitsmerkmalen realisiert. Eine Kurzdarstellung[134] der jeweiligen Anforderungsniveaus liefert die folgende Abbildung (siehe auch Tabelle 12):

---

[132] Dieses Ergebnis wird aus den Streuungen der Testitems über die Skalen der entsprechenden Kompetenzdimensionen abgeleitet (vgl. Achtenhagen/Winther 2009, S. 34).
[133] Neben dem geringen Rücklauf der Arbeitsproben, im Rahmen des Projekts, werden weitere Argumente angeführt. Für weitere Ausführungen siehe Achtenhagen/Winther 2009, S. 553.
[134] Für ausführlichere Darstellungen siehe ebenda, S. 40ff.; Winther 2010, S. 238ff.; Winther/Achtenhagen 2009, S. 546ff.)

*Abb. 14: Kompetenzstufen von Industriekaufmännern/-frauen*
*aus: Winther/Achtenhagen 2009, S. 363.*

Die Niveaustufe II (Kaufmännisches Handlungswissen) wird dabei als Mindestanforderung des Arbeitsmarktes interpretiert und abgeleitet. Im Bereich der handlungsbasierten Fähigkeiten erfüllen demgemäß 77,5 % die Ansprüche der Arbeitgeber, im verstehensbasierten Bereich nur 21,8 % (vgl. Achtenhagen/Winther 2010, S. 20). Die geringen Fähigkeiten im Bereich der verstehensbasierten Kompetenzen werden als Bestätigung der Ergebnisse von ULME III gedeutet (siehe Kapitel 5.3.3.). Die Leistungsschwächen bei Items, die Interpretation und Transferfähigkeiten implizieren, werden darauf zurückgeführt, dass zwar Grund- und Regelwissen (Niveaustufe I) vorhanden zu sein scheint, dieses jedoch nicht flexibel eingesetzt werden kann. Dies äußert sich insbesondere in der Existenz „trägen" Wissens (vgl. Winther/Achtenhagen 2009, S. 546).

## 5.4.4 Herausforderungen des Forschungsprojektes

a)  Konsistenz des Forschungsverlaufs

Das Projekt ist eingebettet in weitere Forschungsvorhaben, welche die Entwicklung von Assessments kaufmännischer Kompetenzen zum Ziel haben. Die Studie wurde unter der Leitidee des „Measuring Prozesses" durchgeführt (vgl. Winther 2010, S. 196) und weist eine exemplarische Vorgehensweise bei der Gewinnung empirisch fundierter Theorien und Leistungswerte auf. So erfolgt eine sehr umfangreiche

Herleitung einer generellen Kompetenzkonzeption, welche in der Folge auf die entsprechenden Forschungsziele und Testinstrumente adaptiert wird.

Die Modellierung des auf domänenspezifische Handlungskompetenz fokussierten Projektes wurde über ein zweidimensionales Modell realisiert. Die Herleitung der Domäne und entsprechender Inhalte für die Anspruchssituationen und Aufgaben geschehen auf Basis schlüssiger und konsistenter Untersuchungen. Die regelgeleitete und schwierigkeitsvoraussagende Itemkonstruktion ermöglicht die computergestützte Simulation authentischer betrieblicher Probleme differenzierter Schwierigkeitsstufen und eine kriteriumsorientierte Interpretation der Ergebnisse. Diese werden insbesondere im Rahmen des Endberichts des BMBF-Projektes (vgl. Achtenhagen/Winther 2009, S. 27) als auch in der Habilitationsschrift von Winther (vgl. Winther 2010, S. 222ff.) ausführlich dargestellt. Dabei wird ein konkreter und klarer Bezug zu den Projektzielen aufgezeigt. Auch die Verfahrensweisen werden genau dokumentiert.

Die Interpretation bezieht sich ebenfalls zielorientiert an der Machbarkeit der Messung kaufmännischer Handlungskompetenz im Rahmen eines Berufsbildungs-PISA. Die Ergebnisse bezüglich der Leistungsmessung werden aufgrund der eher als Pilotierung zu verstehenden Studie, welche über eine geringe Stichprobengröße verfügt, in den Kontext bisheriger Forschungsergebnisse einbezogen und Forschungsdesiderate aufgezeigt (vgl. Winther/Achtenhagen 2009, S. 546).

Die Studie entspricht damit in vollem Umfang den hier aufgestellten Theorie-Empirie-Prinzipien (siehe Kapitel 4.2.). Die Forderung Winthers nach methodologischen und quantitativen Standards in der beruflichen Kompetenzmessung (vgl. Winther 2011, S. 128), wird in ihrem eigenen Forschungsprojekt exemplarisch umgesetzt (vgl. Zlatkin-Troitschanskaia/Seidel 2011, S. 227).

b) Einschätzung der Gütekriterien

Das standardisierte Vorgehen bei der Durchführung der Untersuchung und die hohen Werte bezüglich der Übereinstimmung der Bewertung der Itemschwierigkeiten[135] lassen darauf schließen, dass objektive Messungen möglich sind. Das Vorgehen bei der Modellierung und die Einbeziehung zahlreicher Beobachtungen und Befragungen

---

[135] Im Hinblick auf die Itembewertungen selbst liegen keine Inter-Rater-Reliabilitäten vor.

lässt den Schluss zu, dass das geschaffene Instrument eine realitätsgetreue und valide Messung von Handlungskompetenzen, limitiert auf handlungs- und verstehensbasierte Fähigkeiten, durchzuführen im Stande ist. Die Ähnlichkeit der Ergebnisse mit den Resultaten von ULME III scheint dies zu bestätigen (siehe Kapitel 5.3.3.). Die Reliabilitätswerte für die Messmodelle sind als gut einzuordnen. Die mittlere Korrelation der beiden Dimensionen, im favorisierten zweidimensionalen Modell, lässt darauf schließen, dass diese signifikant unterschiedlich sind (vgl. Winther 2010, S. 226).

Die Untersuchung ist fokussiert auf die Validierung des Modells im Sinne eines internationalen Berufsbildungs-PISA, nicht auf der Repräsentativität der Ergebnisse. Dies hat beispielsweise zur Folge, dass einige relevante Inhaltsbereiche ausgeschlossen werden, welche im internationalen Kontext nicht anschlussfähig sind.[136]

## 5.4.5 Beitrag zur Erfassung kaufmännischer Handlungskompetenz

Damit ergeben sich auch Implikationen für eine Messung kaufmännischer Handlungskompetenz im Verständnis der hiesigen Arbeit. So verspricht das konstruierte Messverfahren die Möglichkeit betriebliche Situationen mit hoher Authentizität abzubilden. Zieht man die offenen und komplexen Antwortformate sowie Lösungswege und –räume hinzu, welche bei der Itemkonstruktion verwandt wurden, lässt sich auf eine vorteilhaftere Messung gegenüber den üblichen Testverfahren des komplexen Konstrukts der Handlungskompetenz in unterschiedlichen Kontexten schließen (siehe Kapitel 4.3.3. Punkt b)).

Als weiterer methodologischer Beitrag muss die Vorgehensweise bei der Domänenspezifikation und Inhaltsanalyse erachtet werden. Die über die Untersuchung von Rahmenlehrplänen hinausgehende Erschließung von Inhalten und Arbeitssituationen aus Beobachtungen, Interviews sowie Dokumentenanalysen kann als Vorbild für die detaillierte Ausformulierung der Handlungsfelder dienen (siehe Kapitel 3.3.). Eine Abdeckung des kompletten Spektrums kaufmännischer Kompetenzen durch die drei Unternehmensprozesse liegt jedoch nicht vor. Auch eine Unterscheidung in Fach-, Methoden-, Sozial- und Personalkompetenzen wird nicht vorgenommen. Die Mes-

---

[136] So weisen Rechnungswesen und Personalwesen zu viele nationale Spezifika auf (vgl. Achtenhage/Winther 2009, S. 5).

sung verfolgt lediglich die Erfassung kognitiver Leistungsdispositionen, auch wenn ohne Frage beispielsweise soziale Kompetenzen für die Bearbeitung erforderlich sind (vgl. Achtenhagen/Winther 2009, S. 22).

Das Messkonstrukt scheint in der Lage, die in Kapitel 3.3. dargestellte Leitidee des kaufmännischen Denkens und Handelns geeignet umzusetzen. So werden Geschäftsvorfälle simuliert und in Sequenzen von Geschäftsprozessen dargestellt. Die in der Testumgebung integrierten simulierten Medien wie Fax, E-Mail etc. und die Einbindung von ERP-Software ermöglichen zudem die Erfassung des Prinzips der Nutzung von Information als fundamentalem Transaktionsmedium. Auch die Simulation von Dilemmata und damit die Messung gesellschaftsverantwortlichen Handelns scheint im Rahmen eines solchen Testformats möglich.

Die Ergebnisse bezüglich der Leistungsausprägungen der Zielgruppe geben zudem Rückschluss auf die Notwendigkeit der Dimensionierung kaufmännischer Kompetenz, wie sie in Abbildung 15 illustriert wird.

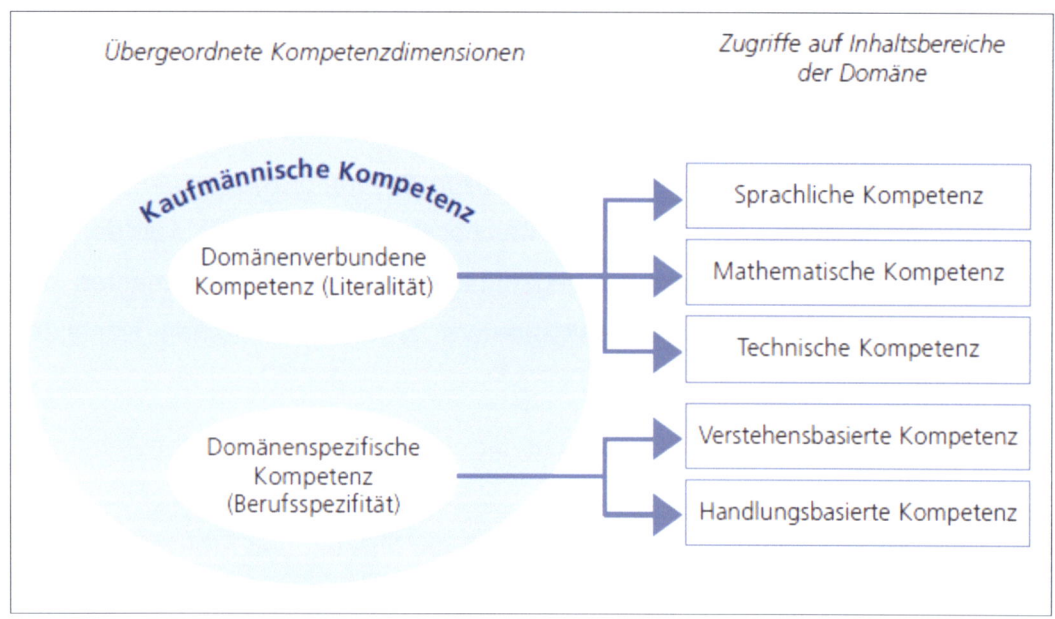

*Abb. 15: Modell kaufmännischer Kompetenz*
*aus: Winther/Achtenhagen 2010, S. 19.*

# 6 Klassifikation der Verfahren nach Einsatzmöglichkeiten

Im Folgenden wird als Ergänzung zu den bereits getätigten Analysen eine Klassifikation der einzelnen Verfahren vorgenommen. Diese richtet sich an den möglichen Einsatzgebieten der Tests aus, welche aus deren Stärken und Schwächen, im Hinblick auf die Konstruktion von Messverfahren der kaufmännischen Handlungskompetenz resultieren.[137] Entsprechend sind es insbesondere die methodischen Aspekte der einzelnen Verfahren, welche im Fokus der Betrachtung stehen. Dies verspricht eine zusammenfassende Sichtweise und das Aufzeigen von Gemeinsamkeiten und Unterschieden der betrachteten Tests.

Der WBT zeichnet sich durch seine Güteparameter aus, bei welchen jedoch insbesondere im Hinblick auf das Inhaltskriterium Abstriche gemacht werden müssen. Durch seine Limitierung auf vorwiegend volkswirtschaftliche Inhalte kann von einer curricularen Abdeckung kaufmännisch ausgerichteter Berufe nicht ausgegangen werden. Zudem ist die eindimensionale Erfassung einer entsprechenden volkswirtschaftlichen Grundkompetenz durch die geschlossenen Antwortformate nicht in der Lage, komplexe Probleme bzw. Lösungsräume und –wege zu simulieren. Dies ist zugleich jedoch die große Stärke des Tests, denn dadurch erreicht er eine ausgesprochen hohe Testökonomie. Diese wird erzielt durch die Einfachheit der Durchführung, Auswertung und Interpretation mithilfe der dem Test beiliegenden Handreichung, den Lösungsschablonen und –hinweisen etc. Zudem kann eine einfache Auswertung mittels klassischer Testtheorie erfolgen.

Dies ermöglicht es insbesondere auch Lehrkräften, die volkswirtschaftliche Grundkompetenz von Schüler(inne)n zu testen und entsprechende Fördermaßnahmen zu initiieren. Eine einfache Auswertung mittels differenzieller Analysen, hinsichtlich inhaltsspezifischer und taxonomienorientierter Kompetenzausprägung, ermöglicht z.B. eine gezielte Steuerung der Unterrichtsgestaltung. Als Bezugspunkt einer sozialen Norm sollte jedoch nicht die veraltete Eichstichprobe Verwendung finden. Auch die Taxonomien sind mangels empirischer Bestätigung eher als Kategorien

---

[137] Eine andere Möglichkeit der Klassifikation wird als Voruntersuchung der „Economic Competencies Study" vorgenommen. Hierbei wird ausgehend von den in der Kompetenzdefinition von Weinert verankerten Elementen und methodischen Modellierungsmöglichkeiten, ein Klassifikationsoktagon erstellt (vgl. Macha/Schuhen 2011, S. 10ff.).

denn als hierarchische Ordnung zu verstehen (vgl. Witt 2006, S. 407ff). Zudem ermöglicht die Testökonomie den Einsatz im Rahmen breit ausgerichteter Large-Scale-Messungen, zum Beispiel zur Ermittlung der Wirkung schulischer Profilbildungen im föderal ausdifferenzierten Bildungssystem (vgl. Fürstenau/Müller/Witt 2007, S. 230ff.). In Verbindung mit den Befunden von Achtenhagen und Winther (siehe Kapitel 5.4.5.), besteht die Interpretationsmöglichkeit, den WBT als Maß von economic literacy zu verwenden. Ob hier Messkonvergenzen vorliegen, müsste entsprechend getestet werden. Er könnte dann als Bestandteil von Tests eingesetzt werden, um im Rahmen mehrdimensionaler Modelle eine Teilkomponente von kaufmännischen Fachkompetenzen zu erfassen[138].

Auch bei OEKOMA sind mit den Elementen, welche die Vorteilhaftigkeit des Tests begründen, entsprechende Schwächen verbunden. So ist mit dem komplexen Testdesign die Messung kognitiver motivationaler und affektiver Komponenten zu möglich. Momentan ist das Instrumentarium jedoch unzureichende operationalisiert und reflektiert die Komponenten nicht in Richtung eines gesamtheitlichen Konstrukts. Die geschlossenen Items und die Ausrichtung auf die Messung ökonomischer Grundkompetenzen, die in Erweiterung zum WBT auch BWL und Rechnungswesen beinhalten, führen dazu, dass sich das Konstrukt nur begrenzt auf curriculare Anforderungen im Sinne der Handlungsfelder bezieht. Auch eine Darstellung komplexer Anforderungssituationen ist nicht möglich. Als positiv hervorzuheben ist das Vorgehen und die Festlegung der schwierigkeitsbestimmenden Itemmerkmale und die damit verbundene Möglichkeit der kriteriumsorientierten Interpretation. Auch die inhaltliche Auswahl durch Medienanalysen und die Ableitung von Items mit modifizierten Zeitungsartikeln ist methodisch gelungen.

Sie könnten Einsatz im Rahmen umfassenderer Tests finden, welche über die Erfassung der Grundkompetenzen hinausgehen bzw. als Ergänzung des WBT verwendet werden und eine erhöhte Vielfalt an Testformaten integrieren. Zudem bieten die Vorarbeiten bezüglich der Themenkodierungen von Zeitungsartikeln die Möglichkeit, diese auch im Rahmen der Unterrichtsgestaltung als Materialien einzu-

---

[138] So setzen beispielsweise Rosendahl und Straka den WBT neben einem Bankwirtschaftlichen Fachtest ein, um berufliche Kompetenz von Bankkaufleuten zu erfassen (vgl. Rosendahl/Straka 2011, S. 4).

setzen.[139] Unter der Voraussetzung einer Modifizierung des Untersuchungsdesigns, sodass Zusammenhänge, beispielsweise zwischen motivationalen und kognitiven Komponenten, in direkten Bezug zur Art der komplexen Anforderungssituation gesetzt werden können, ist zudem die Messung der unterschiedlichen Teildimensionen der Handlungskompetenz möglich, wie sie im Modell von Baetghe et al. konzipiert sind (vgl. Baethge et al. 2006, S. 38ff.).

Das Projekt ULME ist unter den betrachteten Verfahren die einzige Studie mit Längsschnittdesign. Zudem sieht das komplexe Untersuchungsdesign die Erfassung kognitiver, motivationaler weiterer Komponenten vor. Leider erfolgt jedoch auch hier nur eine fragmentierte Ergebnisdarstellung. Der bisherige Aufgabenpool ist zudem nicht in der Lage die Komplexität der Handlungskompetenz abzudecken, da nur die unteren Kognitionsbereiche mit hauptsächlich geschlossenen Antwortformaten abgedeckt werden. Somit ist beispielsweise die Prüfung von Reflexionsfähigkeiten deutlich begrenzt. Durch die Analyse der Ordnungsmittel kaufmännisch orientierter Ausbildungsberufe und die umfassende Betrachtung des Bereiches „Wirtschaft und Verwaltung" liegen gute Grundlagen bei der inhaltlichen Erfassung kaufmännischer Handlungskompetenz vor. Das Testdesign sieht zudem die Möglichkeit vor berufsspezifische und –übergreifende Kompetenzen in Form von Ankeritems zu erfassen.

Die Einsatzmöglichkeiten liegen somit wie auch bei OEKOMA im Bereich der Verwendung des Untersuchungsdesigns zur Erfassung des Zusammenhangs der Elemente, welche über den kognitiven Leistungsbereich hinausgehen. Hier sollte geprüft werden inwiefern sich diesbezüglich Synergien der Projekte ergeben. Die bereits durchgeführten Analysen curricularer Schnittmengen sollte zudem ausgeweitet werden, um eine Messung berufsübergreifender Fachkompetenzen zu realisieren. Mit dem Einsatz als Längsschnittuntersuchung ist des Testdesign zudem in der Lage, Forschungsdesiderate bezüglich der Erforschung von Kompetenzentwicklungen im kaufmännischen Bereich zu schließen.

Die Stärke des KKAD-Ansatzes von Achtenhagen und Winther liegt in der vorliegenden Domänenabgrenzung, dem Vorgehen bei der Inhaltsanalyse und dem vorliegenden Testformat, welche eigens auf den kaufmännischen Bereich zugeschnitten sind.

---

[139] Ein Zugriff auf die Datenbank würde die Nutzung von Zeitungsartikeln als authentische Unterrichtsmaterialien in unterschiedlichen Inhaltsbereichen ermöglichen.

Die empirische Bestätigung domänenübergreifender und –spezifischer Kompetenzen und die entsprechende Subdimensionierung des Konzeptes macht es möglich, die kognitiven Komponenten der Handlungskompetenz zu messen. Die domänenspezifische Ausdifferenzierung in handlungs- und verstehensbasierende Fähigkeiten wird als Messelement unumgänglich sein, will man die kognitiven Leistungsdispositionen von Auszubildend(inn)en angemessen erfassen. Die Testökonomie, die Beschränkung auf den kognitiven Bereich bei nur teilweiser curricularer Validität durch die Beschränkung auf drei Unternehmensprozesse, limitiert das Testverfahren.

So sind es insbesondere die auch intendierten Large-Scale-Messungen mit Ausrichtung auf Arbeitsplatz- und Geschäftsprozesssimulation, welche als Einsatzgebiet in Betracht kommen. Durch eben diesen starken betrieblichen Bezug und die Simulation komplexer Arbeitssituationen ist zudem auch der Einsatz in Unternehmen selbst denkbar. Als Instrument der Personalauswahl- bzw. Entwicklung kann es differenziert auf Defizite und Fördermöglichkeiten im handlungsbasierten Bereich hinweisen.[140] Auch der Einsatz in Zwischen- und Abschlussprüfungen ist denkbar und wird bereits auf seine Realisierbarkeit geprüft (vgl. Winther/Achtenhagen 2010, S. 21). Als das wichtigste Einsatzgebiet führen die Autoren die Möglichkeit „ sowohl personen- als auch inhaltsbezogen Stärken wie Schwächen von Lehr- und Lernprozessen im kaufmännisch-verwaltenden Bereich" (ebenda) zu untersuchen.

Einen abschließenden Überblick zu den Stärken, Schwächen und Einsatzgebieten der vier betrachteten Verfahren bietet Tabelle 13.

---

[140] Selbstverständlich ist dies auch im Rahmen der Unterrichtsgestaltung im Rahmen der beruflichen Ausbildung von Interesse.

| | WBT | OEKOMA | ULME III | KKAD |
|---|---|---|---|---|
| **Stärken** | ▪ Hohe Testgütequalität (Abstriche: Inhaltsvalidität)<br>▪ Hohe Testökonomie<br>▪ Umfangreiche Unterlagen mit Testbögen, Lösungsschablonen, -hinweise etc.<br>▪ Ausdifferenzierung der volkswirtschaftlichen Grundkompetenz durch Inhalt, Taxonomien | ▪ Untersuchungsdesign, welches motivationale, affektive Elemente einschließt<br>▪ Gut ausdifferenzierte schwierigkeitsbestimmende Merkmale (außer Taxonomien)<br>▪ Kompetenzniveaus möglich<br>▪ Alternatives Testformat durch realexistente Stimuli (Artikel) | ▪ Curriculare Validität, Orientierung am Lernfeldansatz<br>▪ Längsschnittdesign, welches motivationale, affektive Elemente einschließt<br>▪ Ankeritems zum Vergleich innerhalb von Berufsgruppen<br>▪ Kompetenzniveaus teilweise festgelegt | ▪ Teils curriculare Validität, Konformität zum Lernfeldansatz<br>▪ offene Antwortformate, berufsreale Anforderungssituationen<br>▪ Kompetenzniveaus durch Autoren festgelegt |
| **Schwächen** | ▪ Erfasst lediglich volkswirtschaftliche Grundkompetenz<br>▪ Ausschließlich geschlossene Antwortformate<br>▪ Veraltete Eichstichprobe<br>▪ Keine kriterienorientierte Interpretation möglich<br>▪ Taxonomiestufen empirisch nicht bestätigt | ▪ Erfasst lediglich wirtschaftliche Grundkompetenz<br>▪ Beziehungen zwischen Dimensionen des Gesamtkonstrukts nicht erfasst<br>▪ 90% geschlossene Antwortformate | ▪ nur untere kognitive Leistungsstufen erfasst<br>▪ keine empirische Bestätigung der Itemschwierigkeitsprädiktoren<br>▪ Hoher Anteil geschlossener Antwortformate | ▪ lange Testzeit, störungsanfällig (technischer Ausfall)<br>▪ nur curriculare Teilbereiche abgedeckt<br>▪ ausschließlich kognitive Leistungsdispositionen erfasst<br>▪ keine Unterscheidung in Teilkomponenten der Handlungskompetenz |
| **Einsatzmöglichkeiten** | ▪ Individualdiagnostik durch Lehrkräfte<br>▪ Large-Scale Messungen mit hoher Reichweite<br>▪ Teiltest im Rahmen von Forschungsprojekten/Large-Scale-Messungen<br>→ jeweils begrenzt auf Erfassung volkswirtschaftlicher Grundkompetenzen | ▪ Bei starker Modifizierung Erfassung des Spektrums der Handlungskompetenz durch Untersuchungsdesign<br>▪ Teiltest im Rahmen von Forschungsprojekten/Large-Scale-Messungen<br>▪ Einsatz als Unterrichtsmaterialien<br>→ begrenzt auf wirtschaftliche Grundkompetenzen | ▪ Möglichkeit der Erfassung von Kompetenzentwicklungen<br>▪ Bei starker Modifizierung Erfassung des Spektrums der Handlungskompetenz durch Untersuchungsdesign<br>▪ Messung überberuflicher Fachkompetenz in kaufmännischen Berufsgruppen<br>→ weite curriculare Abdeckung unterer Kognitionsbereiche | ▪ Large-Scale Messungen mit starkem Tätigkeitsbezug<br>▪ Diagnose von Lehr- Lernprozesse<br>▪ Einsatz in Kammerprüfungen<br>▪ Personalauswahl im Unternehmensbereich<br>→ teils curriculare Abdeckung differenzierter Komplexität |

*Tab. 13: Gegenüberstellung der Stärken, Schwächen und Einsatzmöglichkeiten der vier Testverfahren*

# 7  Fazit

Die vorliegende Arbeit begreift sich zum einen als methodischer Überblick bei der Planung, Durchführung, analytischen Ausführung und Interpretation von beruflichen Handlungskompetenzen, insbesondere mit Bezug auf kaufmännische Ausbildungsberufe. Zum anderen stellt es vier Messverfahren vor. Diese haben den gemeinsamen Gegenstandsbezug der Erhebung ökonomischer Kompetenzen und werden im Hinblick auf ihre Eignung zur Messung kaufmännischer Handlungskompetenz analysiert und klassifiziert.

Zu diesem Zweck wurde zunächst der Bedeutungsrahmen einer solchen Kompetenzmessung skizziert. Damit konnten Bedarfsgrundlagen für die Kompetenzforschung und –messung erörtert werden. So sind es insbesondere die Schlüsselqualifikationsdebatte und die politisch sowie sozial erwünschte (Aus-) Bildung von mündigen Wirtschaftsbürgern, welche die Zielsetzungen der Studien zum WBT und des Projektes OEKOMA bestimmen. Die Umsetzung der Steuerungsreformen im Bildungswesen und europäische Harmonisierungsbestrebungen verlangten zudem nach Qualitätssicherung und –entwicklung sowie internationaler Vergleichbarkeit. Ersterem Leitgedanken verschreibt sich das ULME – Vorhaben. Das Testverfahren im Rahmen des KKAD – Projektes zielt vor allem auf die Machbarkeitsfrage eines internationalen Berufsbildungs-PISA ab. Die zum Globalziel proklamierte Handlungskompetenz und der Lernfeldgedanke als curriculare Leitidee, führen dabei zu Implikationen bei der Umsetzung im Rahmen von Messungen.

So sind es insbesondere die mit dem Konstrukt der Handlungskompetenz inhärenten Eigenschaften der Domänenspezifität, Kontextgebundenheit sowie die unterschiedlichen Anforderungsstrukturen bei der Bewältigung einzelner Handlungsphasen und die Vielzahl der damit verbundenen Subkonzepte psychischer Dispositionen, welche den methodischen Rahmen der Messung setzen. Die damit einhergehenden terminologischen Abgrenzungen und Erläuterungen zu den einzelnen Schritten, bei der Konzeption von Messungen im Sinne eines theoretisch-empirisch-hergeleiteten Planungs- und Durchführungskonzeptes, bilden das Fundament eines hergeleiteten Untersuchungsrasters. Zudem wurde durch Auswertung von Forschungsergebnissen eine Arbeitsdefinition kaufmännischer Handlungskompetenz formuliert. Auf diese Art und Weise erfolgte eine regelgeleitete Überprüfung der Messverfahren, wobei die eingangs formulierten Fragestellungen als Basis der Forschungsbemühungen dienten und zusammenfassend folgende Ergebnisse konstatiert werden können:

1. Welchen Beitrag leisten die Verfahren der Messung des aufgestellten Konstrukts kaufmännischer Handlungskompetenz?

Es konnte gezeigt werden, dass die Projekte jeweils einzelne Facetten zur Messung des komplexen Konstrukts beisteuern. Dem WBT fällt dabei ein Initialcharakter zu. Durch seine einfache und testökonomische Handhabe kommt er zudem auch heute noch zum Einsatz für die Testung domänenübergreifender, ökonomischer Grund-kompetenzen. OEKOMA und ULME erfassen neben kognitiven auch motivationale sowie affektive Komponenten und schaffen damit die Grundlage eines Untersu-chungsdesigns, welches in der Lage ist, die gesamtheitlichen Zusammenhänge der psychischen Dispositionen zu erfassen. Das Projekt KKAD ist speziell auf die Erfas-sung kaufmännischer, kognitiver Leistungsdispositionen ausgerichtet. Es bietet insbesondere bei der inhaltlichen Analyse und den verwendeten Aufgabenformaten, im Rahmen einer simulierten Arbeitsumgebung, einen hohen Nutzen für zukünftige Messungen. Zudem ist das konstruierte und empirisch belegte Domänenkonzept bisher ohne Vergleichsmaßstab im kaufmännisch-beruflichen Forschungsbereich.

2. Was kennzeichnet die Vorgehensweise der Konzeption des jeweiligen Testver-fahrens zur Realisierung empirisch gesicherter Ergebnisse?

Die Analysen unter dem Aspekt des Theorie-Empirie-Grundsatzes haben gezeigt, dass die Verfahren in der Regel hohe Ansprüche an die Vorgehensweisen im Sinne wissenschaftlichen Arbeitens legen. Dennoch konnten vereinzelt Probleme bei der Modellierung und Operationalisierung aufgezeigt werden. Insbesondere die ressour-cenbasierten Einschränkungen des ULME-Projektes führten zu einer limitierten Aussagekraft der Ergebnisse. Das Forschungsprojekt KKAD hingegen wird dem Theorie-Empirie-Prinzip vollständig gerecht.

3. Wie lassen sich die Verfahren bezüglich ihrer Einsatzmöglichkeiten klassifizieren?

Die Einsatzmöglichkeiten der Verfahren sind vielfältig. Dennoch lassen sich Schnitt-mengen für etwaige Assessmentverwendungen feststellen. So sind es insbesondere die Nähe der Kompetenzkonzepte des WBT und von OEKOMA, die gleiche Anwendungsgebiete nach sich ziehen. Die am Modell von Baethge et al. (Baethge 2006, S. 38ff.) orientierten Untersuchungsdesigns von OEKOMA und ULME führen ebenfalls zu deckungsgleichen Implementierungsmöglichkeiten. Das KKAD-Verfahren deckt einen mit den übrigen Konzepten schwer zu realisierenden Bereich betrieblich orientierter kognitiver Leistungsmessung ab. Durch die domänenspezifische Ausrichtung ist es zur Erweiterung auf berufsübergeifende Kompetenzen im Sinne der economic literacy auch mit den übrigen Tests kombinierbar.

Diese Ausführungen zeigen jedoch gleichzeitig, dass der Erfassung kaufmännischer Handlungskompetenz, wie sie im Rahmen dieser Untersuchung als Arbeitsdefinition formuliert wurde, momentan nicht vollständig entsprochen werden kann. Vielmehr bedient man sich der Messung kognitiver Leistungsdispositionen, unter der Maßgabe, dass diese die der Handlungskompetenz inhärenten Strukturen durch den Anforderungsbereich entsprechend abdecken. Um diesen Weg von einer performanz- zu einer tatsächlich dispositionsorientierten Kompetenzmessung zu vollziehen, sind weitere Forschungsvorhaben zwingend notwendig.

# 8 Abbildungsverzeichnis

# 9 Tabellenverzeichnis

# 10 Abkürzungsverzeichnis

| | |
|---|---|
| Abb. | Abbildung |
| ACT | Adaptive Character of Thought |
| BIBB | Bundesinstitut für Berufsbildung |
| BMS andere | Berufsmaturitätsschule andere Richtungen |
| BMS KV | Berufsmaturitätsschule kaufmännischer Verband |
| BWL | Betriebswirtschaftslehre |
| Bzw. | beziehungsweise |
| DACUM | Develop A Curriculum |
| DFG | Deutsche Forschungsgemeinschaft |
| EAP | Expected a postereori |
| ECVET | Europäische Leistungspunktesystem für die Berufsbildung |
| EQR | Europäischer Qualifikationsrahmen |
| ERP | Enterprise-Resource-Planning |
| f. | folgende |
| ff. | fortfolgende |
| ggf. | gegebenenfalls |
| GUK | Gemeinsamkeiten und Unterschiede kaufmännisch-betriebswirtschaftlicher Berufe |
| Gym andere | Gymnasium mit anderen Schwerpunktfächern |
| Gym WuR | Gymnasium mit Schwerpunktfach "Wirtschaft und Recht" |
| Hrsg. | Herausgeber |
| IHK | Industrie- und Handelskammer |
| IRT | Item Response Theorie |
| KKAD | Kaufmännische Kompetenz in Ausbildungsgängen des Dualen Systems |
| KMK | Kultusministerkonferenz |
| KTT | Klassische Testtheorie |
| NQR | Nationaler Qualifikationsrahmen |
| OEKOMA | Ökonomische Kompetenzen von Maturandinnen und Maturanden |
| PISA | Programme for International Student Assessment |
| PV | Plausible Value |
| S. | Seite |
| SNF | Schweizer Nationalfond |
| Tab. | Tabelle |
| TEL | Test of Economic Literacy |
| TIMSS | Trends in International Mathematics and Science Study |
| u.a. | und andere |
| u.a.m. | und andere mehr |
| ULME | Untersuchung von Leistungen, Motivation und Einstellungen |
| Vgl. | vergleiche |
| vs. | versus |
| VWL | Volkswirtschaftslehre |
| WBT | Wirtschaftskundlicher Bildungstest |
| WLE | weighted likelihood estimates |

# 11 Literaturverzeichnis

Achtenhagen, F. (2004): Prüfung von Leistungsindikatoren für die Berufsbildung sowie zur Ausdifferenzierung beruflicher Kompetenzprofile nach Wissensarten. In: BMBF (Hrsg.): Bildungsreform Band 8: Expertisen zu den konzeptionellen Grundlagen für einen Nationalen Bildungsbericht – Berufliche Bildung und Weiterbildung / Lebenslanges Lernen. Bonn: BMBF. S. 11-32.

Achtenhagen, F. (2007): Wirtschaftspädagogische Forschung zur beruflichen Kompetenzentwicklung. In: van Buer, J./Wagner, C. (Hrsg.): Qualität von Schule. Ein kritisches Handbuch. Frankfurt am Main: Peter Lang. S. 481 - 494.

Achtenhagen, F./Winther, E. (2008): Wirtschaftspädagogische Forschung zur beruflichen Kompetenzentwicklung. In: Jude, N./Hartig, J./Klieme, E. (Hrsg.): Kompetenzerfassung in pädagogischen Handlungsfeldern. Berlin u.a.: BMBF. S. 117-140.

Achtenhagen, F./Winther, E. (2009): Konstruktvalidität von Simulationsaufgaben: Computergestützte Messung berufsfachkundlicher Kompetenz – Am Beispiel der Ausbildung von Industriekaufleuten. Bericht an das Bundesministerium für Bildung und Forschung. Göttingen: Seminar für Wirtschaftspädagogik. Online unter: www.bmbf.de/pubRD/Endbericht_BMBF09.pdf [Stand: 23.09.2013].

Achtenhagen, F./ Winther, E. (2011): Fachdidaktische Perspektiven der Kompetenzmessung – am Beispiel des kaufmännisch-verwaltenden Bereichs. In: Zlatkin-Troitschanskaia, O. (Hrsg.): Stationen Empirischer Bildungsforschung. Traditionslinien und Perspektiven, Hohengehren: Schneider, S. 352–367.

Anderson, L. W./Krathwohl, D. R. (Hrsg.) (2001): A Taxonomy for Learning, Teaching and Assessing: A Revision of Bloom's Taxonomy of Educational Objectives. New York: Longman.

Anderson, J. R. (1996): ACT: A simple theory of complex cognition. American Psychologist, 51(4), S. 355-365.

Baethge, M./Achtenhagen, F./Arends, L./Babic, E./Baethge-Kinsky, V./Weber, S. (2006): Berufsbildungs-Pisa. Machbarkeitsstudie. Stuttgart: Steiner.

Beaton, E./Allen, N. (1992): Interpreting scales through scale anchoring. In: Journal of Educational Statistics, 17(2), S. 191-204.

Beck, K. (1993): Dimensionen der ökonomischen Bildung. Meßinstrumente und Befunde. Abschlußbericht zum DFG-Projekt: Wirtschaftskundliche Bildung-Test (WBT). Normierung und internationaler Vergleich. Universität Erlangen-Nürnberg.

Beck, K./Krumm, V./Dubs, R. (1998): Wirtschaftskundlicher Bildungstest (WBT). Göttingen: Hogrefe.

Brand, W./Hofmeister, W./Tramm, T. (2005): Auf dem Weg zu einem Kompetenzstufenmodell für die berufliche Bildung – Erfahrungen aus dem Projekt ULME. In: Berufs-und Wirtschaftspädagogik online, Ausgabe 8, Online unter: http://www. bwpat. de/ausgabe, 8. [Stand 20.09.2013]. S. 1-21.

Breuer, K. (2005): Berufliche Handlungskompetenz – Aspekte zu einer gültigen Diagnostik in der beruflichen Bildung. In: Berufs- und Wirtschaftspädagogik online, Ausgabe 8, Online unter: http://www.bwpat.de/ausgabe8/breuer_bwpat8.pdf [Stand: 21.07.2013]. S. 1-12.

Brötz, R./Peppinghaus, B./Schapfel-Kaiser, F./Brings, C. (2009): Gemeinsamkeiten und Unterschiede kaufmännisch-betriebswirtschaftlicher Berufe (GUK) – Ausgangspunkte und Ziele des Forschungsprojektes. Anforderungen an kaufmännisch-betriebswirtschaftliche Berufe aus berufspädagogischer und soziologischer Sicht. Bielefeld: Bertelsmann. S. 19-43.

Brötz, R./Kaiser, F./Brings, C./Peppinghaus, B./Warmbold-Jaquinet, V./Krieger, A./Noack, I./Nies, N./Schaal, T. (2011): Gemeinsamkeiten und Unterschiede kaufmännisch-betriebswirtschaftlicher Aus- und Fortbildungsberufe (GUK). Zwischenbericht. Bonn. Online unter: http://www2.bibb.de/tools/fodb/pdf/zw_42202.pdf [Stand: 20.08.2013].

Bühner, M. (2011): Einführung in die Test- und Fragebogenkonstruktion. München: Pearson.

Chomsky, N. (1969): Aspekte der Syntax-Theorie. Frankfurt am Main: Suhrkamp

Dilger, B./Sloane, P.F.E. (2005): The Competence Clash – Dilemmata bei der Übertragung des 'Konzepts der nationalen Bildungsstandards' auf die berufliche

Bildung. In: Berufs- und Wirtschaftspädagogik, Nr. 8, Online unter: http://www.bwpat.de/ausgabe8/sloane_dilger_bwpat8.pdf [Stand: 31.07.2013]. S. 1- 32.

Eberle, F./Schumann, S. (2013a): Ökonomische Kompetenzen und weitere Kompetenzen von Deutschschweizer Berufsmaturanden und Gymnasiasten im Vergleich. In: Gymnasium Helveticum, 67 (1), S. 18-21.

Eberle, F./Schumann, S. (2013b): Stärken und Schwächen von Berufsmatura und Gymnasium. In: Panorama, 27 (3), S. 16-17.

Edelmann, D./Tippelt, R. (2008): Kompetenzentwicklung in der beruflichen Bildung und Weiterbildung. In: Prenzel, M./Gogolin, I./Krüger, H.-H. (Hrsg.): Kompetenzdiagnostik. Zeitschrift für Erziehungswissenschaft, Sonderheft 8. Wiesbaden: VS Verlag für Sozialwissenschaften. S. 129-146.

Edelmann, W. (2000): Lernpsychologie. 6. Auflage. Beltz: Weinheim.

Förster, M./Happ, R./Zlatkin-Troitschanskaia, O. (2012): Valide Erfassung des volkswirtschaftlichen Fachwissens von Studierenden der Wirtschaftswissenschaften und der Wirtschaftspädagogik - eine Untersuchung der diagnostischen Eignung des Wirtschaftskundlichen Bildungstests (WBT). In: Berufs- und Wirtschaftspädagogik online, Ausgabe 22, Online unter: http://www.bwpat.de /ausgabe22/foerster _etal_bwpat22.pdf [Stand: 01.09.2013]. S. 1-21

Frey, A. (2004): Die Kompetenzstruktur von Studierenden des Lehrerberufs – Eine internationale Studie. Zeitschrift für Pädagogik, 50 (6). S. 903-925.

Früh, W. (2011): Inhaltsanalyse. Theorie und Praxis. Konstanz; München: UVK.

Fürstenau, B./Müller, K./Witt, R. (2007): Ökonomische Kompetenz sächsischer Mittelschüler und Gymnasiasten. In: Zeitschrift für Berufs- und Wirtschaftspädagogik, 103(2), S. 227-247.

Fürstenberg, F. (2000): Berufsgesellschaft in der Krise. Auslaufmodell oder Zukunftspotential? Berlin: Edition Sigma Signaturen.

Gelman, R./Greeno, J. G. (1989): On the Nature of Competence: Principles for Understanding in a Domain. In: Resnick, L. B. (Hrsg.): Knowing, Learning and Instruction. Essays in Honor of Robert Glaser. Hillsdale, N. J.: Lawrence Erlbaum. S. 125-186.

Gravert, H./Hüster, W. (2001): Intentionen der KMK bei der Einführung von Lernfeldern. In: Gerds, P./Zöller, A. (Hrsg.): Der Lernfeldansatz der Kultusministerkonferenz. Bielefeld: Bertelsmann. S. 83-97.

Grollmann, P./Jude, N. (2008): Kompetenz in der empirischen Bildungsforschung und in der Beruflichen Bildung. In: Jude, N./Hartig, J./Klieme, E. (Hrsg.): Kompetenzerfassung in pädagogischen Handlungsfeldern. Berlin: BMBF. S. 141-151.

Gudjons, H. (2008): Pädagogisches Grundwissen. Überblick - Kompendium - Studienbuch. 10. Auflage. Bad Heilbrunn: UTB.

Haasler, B./Rauner, F. (2009): Kompetenzmessung in der beruflichen Bildung. KOMET: eine Large-Scale-Untersuchung der beruflichen Kompetenzentwicklung von Auszubildenden der Bundesländer Bremen und Hessen. In: Zeitschrift für Berufs- und Wirtschaftspädagogik, 105(3), S. 465-468.

Halbheer, U./Reusser, K. (2008): Outputsteuerung, Accountability, Educational Governance – Einführung in Geschichte, Begrifflichkeiten und Funktionen von Bildungsstandards. In: Beiträge zur Lehrerbildung, 26(3), S. 253-266.

Hartig, J. (2007): Skalierung und Definition von Kompetenzniveaus. In: Beck, B./Klieme, E. (Hrsg.): Sprachliche Kompetenzen. Konzepte und Messung. Weinheim: Beltz. S. 83-99.

Hartig, J./Jude, N. (2007): Empirische Erfassung von Kompetenzen und psychometrische Kompetenzmodelle. In: Hartig, J./Klieme, E. (Hrsg.): Möglichkeiten und Voraussetzungen technologiebasierter Kompetenzdiagnostik Berlin: BMBF. S. 17-36.

Heckhausen, J./Heckhausen, H. (2010): Motivation und Handeln: Einführung und Überblick. In: Heckhausen, J./Heckhausen, H. (Hrsg.): Motivation und Handeln. 4. Auflage. Berlin: Springer. S. 1-9.

Hellwig, S. (2008): Zur Vereinbarkeit von Competency-based Training (CBT) und Berufsprinzip – Konzepte der Berufsbildung im Vergleich. Wiesbaden: Springer.

Helmke, A./Hosenfeld, I. (2004): Vergleichsarbeiten – Standards – Kompetenzstufen: Begriffliche Klärungen und Perspektiven. In: Jäger, R. S./Frey, A. (Hrsg.): Lernprozesse , Lernumgebung und Lerndiagnostik. Wissenschaftliche Beiträge zum Lernen im 21. Jahrhundert. Landau: Empirische Pädagogik. S. 56-75.

Hensge, K./Lorig, B./Schreiber, D. (2009): Kompetenzstandards in der Berufsausbildung. Bonn: Bundesinstitut für Berufsbildung.

Kaiser, F. (2012): Was kennzeichnet Kaufleute? – Ihr berufliches Denken und Handeln aus historischer, soziologischer und ordnungspolitischer Perspektive. In: Faßhauer, U./Fürstenau, B./Wuttke, E. (Hrsg.): Berufs-und wirtschaftspädagogische Analysen – aktuelle Forschungen zur beruflichen Bildung. Opladen, Berlin, Toronto: Barbara Budrich. S. 165-177.

Kehl, W. (2006): Die Entwicklung kaufmännischer Berufe. In: Weiß, R./Kehl, W./Brötz, R./Klippstein, G./Bödecker, J. (Hrsg.): Innovationen in der kaufmännischen Bildung!? Dokumentation der Fachtagung des Bundesinstituts für Berufsbildung (BIBB) und des VLW am 22. September 2006 in Bonn. Bielefeld: BIBB. S. 11-18.

Kettschau, I. (2012): Kompetenzmodellierung in der Beruflichen Bildung für eine nachhaltige Entwicklung (BBNE). In: Haushalt in Bildung und Forschung. 1(1), S. 1-20.

Klieme, E. (2004): Was sind Kompetenzen und wie lassen sie sich messen? In: Pädagogik, 56(6), S. 10–13.

Klieme, E./Avenarius, H./Blum, W./Döbrich, P./Gruber, H./Prenzel, M./Reiss, K./Riquarts, K./Rost, J./Ternorth, H.-E./Vollmer, H. J. (2003): Zur Entwicklung nationaler Bildungsstandards. Eine Expertise. Bonn: BMBF.

Klieme, E./Hartig, J. (2007): Kompetenzkonzepte in den Sozialwissenschaften und im erziehungswissenschaftlichen Diskurs. In: Zeitschrift für Erziehungswissenschaft 10. Sonderheft 8, S. 11-34.

KMK (1991): Rahmenvereinbarung über die Berufsschule. Beschluß der Kultusministerkonferenz vom 14./15.03.1991. Bonn.

KMK (2007): Handreichungen für die Erarbeitung von Rahmenlehrplänen der Kultusministerkonferenz (KMK) für den berufsbezogenen Unterricht in der Berufsschule und ihre Abstimmung mit Ausbildungsordnungen des Bundes für anerkannte Ausbildungsberufe. Bonn.

KMK (2012): Ergebnisse der 339. Plenarsitzung der Kultusministerkonferenz am 18. und 19. Oktober 2012 in Hamburg. Bonn. Online unter: http://www.kmk.org/presse-

und-aktuelles/meldung/ergebnisse-der-339-plenarsitzung-der-kultusministerkonferenz-am-18-und-19-oktober-2012-in-hamburg.html        [Stand: 15.08.2013].

KMK/IQB (2006): Gesamtstrategie der Kultusministerkonferenz zum Bildungsmonitoring. Bonn: LinkLuchterhand.

Kubinger, K. D. (1989): Aktueller Stand und kritische Würdigung der Probabilistischen Testtheorie. In: Kubinger, K. D. (Hrsg.): Moderne Testtheorie. Weinheim; Basel: Beltz. S. 19-83.

Lehmann, R./Seeber, S./Hunger, S. (2013): ULME III: Ziele der Untersuchung. In: Behörde für Schule und Berufsbildung (Hrsg.): ULME III. Untersuchung von Leistungen, Motivation und Einstellungen der Schülerinnen und Schüler in den Abschlussklassen der Berufsschulen. Hamburger Schriften zur Qualität im Bildungswesen, Band 12. Münster; New York; München; Berlin: Waxmann. S. 19-27.

Lehmann, R/Hunger, S. (2013): Anlage und Durchführung der Untersuchung. In: Behörde für Schule und Berufsbildung (Hrsg.): ULME III. Untersuchung von Leistungen, Motivation und Einstellungen der Schülerinnen und Schüler in den Abschlussklassen der Berufsschulen. Hamburger Schriften zur Qualität im Bildungswesen, Band 12. Münster; New York; München; Berlin: Waxmann. S. 19-27.

Lorig, B./Schreiber, D./Brings, C./Padur, T./Walther, N. (2011): Konzept zur Gestaltung kompetenzbasierter Ausbildungsordnungen. In: Berufs-und Wirtschaftspädagogik online, Ausgabe 20, Online unter: http://www.bibb.de/dokumente/pdf/gestaltungskonzept_kompetenzbasierte_ausbildungsordnungen.pdf        [Stand: 23.08.2013]. S. 1-18.

Macha, K./Schuhen, M. (2012): Modellierung ökonomischer Kompetenz im Rahmen der Pilotstudie zu ECOS - Economic Competencies Study. In: Bayrhuber, H./ Harms, U./Muszynski, B./Ralle, B./Rothgangel, M./Schön, L./Vollmer H. J./Weigand, H.-G. (Hrsg.): Formate Fachdidaktischer Forschung: Empirische Projekte - historische Analysen - theoretische Grundlegungen - Fachdidaktische Forschungen, Band 2, Münster; New York; München; Berlin: Waxmann, S. 183-200.

Moosbrugger, H. (2012a): Klassische Testtheorie (KTT). In: Moosbrugger, H./ Kelava, A. (Hrsg.): Testtheorie und Fragebogenkonstruktion. Heidelberg: Springer. S. 103-117.

Moosbrugger, H. (2012b): Item-Response-Theorie (IRT). In: Moosbrugger, H./ Kelava, A. (Hrsg.): Testtheorie und Fragebogenkonstruktion. Heidelberg: Springer. S. 227-274.

Moosbrugger, H./Kelava, A. (2012): Qualitätsanforderungen an einen psychologischen Test (Testgütekriterien). In: Moosbrugger, H./ Kelava, A. (Hrsg.): Testtheorie und Fragebogenkonstruktion. Heidelberg: Springer. S. 7-26.

Pospeschill, M. (2010): Testtheorie, Testkonstruktion, Testevaluation. Stuttgart: Reinhardt-Verlag.

Rauner, F. (2008): Forschungen zur Kompetenzentwicklung im gewerblich-technischen Bereich. In: Jude, N./Hartig, J./Klieme, E. (Hrsg.): Kompetenzerfassung in pädagogischen Handlungsfeldern. Berlin u.a.: BMBF. S. 81-116.

Rauner, F. (2009): Steuerung der beruflichen Bildung im internationalen Vergleich. Gütersloh: Bertelsmann.

Rebmann, K./Schlömer, T. (2009): Lernen im Prozess der Arbeit. Berufs-und Wirtschaftspädagogik online, Profile 2, Online unter: http://www.bwpat.de/profil2/ rebmann_schloemer_profil2.pdf [Stand: 23.08.2013]. S. 1-17.

Reetz, L. (1999): Zum Zusammenhang von Schlüsselqualifikationen – Kompetenzen – Bildung. In: Tramm, T./Sembill, D./Klauser, F./John, E. G. (Hrsg.): Professionalisierung kaufmännischer Berufsbildung. Beiträge zur Öffnung der Wirtschaftspädagogik für die Anforderungen des 21. Jahrhunderts. Festschrift zum 60. Geburtstag von Frank Achtenhagen. Frankfurt a. M.: Peter Lang. S. 32-51.

Reetz, L. (2005): Situierte Prüfungsaufgaben. Die Funktion von Situationsaufgaben in Abschlussprüfungen des Dualen Systems der Berufsausbildung. In: Berufs- und Wirtschaftspädagogik online, Ausgabe 8, Online unter: http://www.bwpat.de/ausgabe8/reetz_bwpat8.pdf [Stand: 01.09.2013]. S. 1-32.

Rosendahl, J./Straka, G. A. (2011): Effekte personaler, schulischer und betrieblicher Bedingungen auf berufliche Kompetenzen von Bankkaufleuten während der dualen

Ausbildung. Ergebnisse einer dreijährigen Langzeitstudie. ITB-Forschungsberichte 51/2011.

Rost, J. (1998): Lehrbuch Testtheorie, Testkonstruktion. Bern; Göttingen; Toronto; Seattle: Huber.

Rost, J. (2008): Zur Messung von Kompetenzen einer Bildung für nachhaltige Entwicklung. In: Bormann, I./de Haan, G. (Hrsg.): Kompetenzen der Bildung für nachhaltige Entwicklung. Wiesbaden: VS Verlag für Sozialwissenschaften. S. 61-73.

Roth, H. (1971): Pädagogische Anthropologie. Band 2. Hannover: Schroedel.

Schermelleh-Engel, K./Werner, S. (2012): Methoden der Reliabilitätsbestimmung. In: Moosbrugger, H./ Kelava, A. (Hrsg.): Testtheorie und Fragebogenkonstruktion. Heidelberg: Springer. S. 119-142.

Schumann, S./Eberle, F. (im Druck): Ökonomisches Wissen und Können am Ende der Sekundarstufe II.

Schumann, S./Eberle, F. (2011): Bedeutung und Verwendung schwierigkeitsbestimmender Aufgabenmerkmale für die Erfassung ökonomischer und beruflicher Kompetenzen. In: Faßhauer, U./Fürstenau, B./Wuttke, E. (Hrsg.): Grundlagenforschung zum Dualen System und Kompetenzentwicklung in der Lehrerbildung. Opladen: Budrich. S. 77-89.

Schumann, S./Eberle, F./Oepke, M./Pflüger, M./Gruber, C./Pezzotta, D. (2010): Inhaltsauswahl für den Test zur Erfassung ökonomischen Wissens und Könnens im Projekt "Ökonomische Kompetenzen von Maturandinnen und Maturanden (OEKOMA)". Universität Zürich: Institut für Gymnasial- und Berufspädagogik. Online unter: http://www.ife.uzh.ch/research/lehrstuhleberle/forschung/ oekonomiekompetenz/ergebnisse/Bericht_Inhaltsauswahl_OEKOMA.pdf [Stand: 15.09.2013].

Schumann, S./Oepke, M./Eberle, F. (2011): Über welche ökonomischen Kompetenzen verfügen Maturandinnen und Maturanden? Hintergrund, Fragestellungen, Design und Methode des Schweizer Forschungsprojekts OEKOMA im Überblick. In: Faßhauer, U./Aff, J./Fürstenau, B./Wuttke, E. (Hrsg.): Lehr-Lernforschung und Professionalisierung. Opladen; Farmington Hills: Barbara Budrich, S. 51-63.

Schumann, S./Oepke, M./Gruber, C./Pezzotta, D./Eberle, F. (2010): Ökonomische Kompetenzen von Maturandinnen und Maturanden in der Deutschschweiz. Vortrag auf der BWP-Herbsttagung vom 15.-17. September 2010 in Wien. Online unter: http://www.ife.uzh.ch/research/lehrstuhleberle/forschung/oekonomiekompe tenz/veroeffentlichungen/presentation_wien.pdf [Stand: 13.09.2013].

Sczesny, C./Lüdecke, S. (1998): Ökonomische Bildung Jugendlicher auf dem Prüfstand. In: Zeitschrift für Berufs- und Wirtschaftspädagogik, 94 (3), S. 403-420.

Seeber, S. (2008): Ansätze zur Modellierung beruflicher Fachkompetenz in kaufmännischen Ausbildungsberufen. In: Zeitschrift für Berufs- und Wirtschaftspädagogik. 104(1), S. 74-97.

Seeber, S. (2013): Berufsspezifische Fachleistungen in ausgewählten Berufen des Bereichs Wirtschaft und Verwaltung am Ende der Berufsausbildung. In: Behörde für Schule und Berufsbildung (Hrsg.): ULME III. Untersuchung von Leistungen, Motivation und Einstellungen der Schülerinnen und Schüler in den Abschlussklassen der Berufsschulen. Hamburger Schriften zur Qualität im Bildungswesen, Band 12. Münster; New York; München; Berlin: Waxmann. S. 153-227.

Seeber, S. (2013a): Allgemeine kognitive, metakognitive und motivationale Merkmale der Schülerinnen und Schüler am Ende der beruflichen Ausbildung. In: Behörde für Schule und Berufsbildung (Hrsg.): ULME III. Untersuchung von Leistungen, Motivation und Einstellungen der Schülerinnen und Schüler in den Abschlussklassen der Berufsschulen. Hamburger Schriften zur Qualität im Bildungswesen, Band 12. Münster; New York; München; Berlin: Waxmann. S. 58-100.

Severing, E. (2006): Europa und die Berufsbildung. Gemeinsame Zertifizierungsstandards als Reformanstoß. In: Loebe, H./Severing, E. (Hrsg.): Europäisierung der Ausbildung – Ergebnisse einer Fachtagung. Bielefeld: Bertelsmann. S. 21–41.

Sloane, P. F. E. (2007): Bildungsstandards in der beruflichen Bildung. Wirkungssteuerung beruflicher Bildung. Paderborn: EUSL.

Soper, J. C. (1979): The Test of Economic Literacy: Discussion Guide and Rationale. New York: Joint Council of Economic Education.

Soper, J. C./Walstad, W. B. (1987): Test of Economic Literacy. Second Edition. Examiner´s Manual. New York: Joint Council on Economic Education.

Straka, G. A./Macke, G. (2009): Berufliche Kompetenz: Handeln können, wollen und dürfen. Zur Klärung eines diffusen Begriffs. In: Berufsbildung in Wissenschaft und Praxis, 38 (3), S. 14-17.

Tramm, T. (2004): Geschäftsprozesse und fachliche Systematik – zur inhaltlichen Einführung. In: Gramlinger, F./Steinemann,S./Tramm, T. (Hrsg): Lernfelder gestalten – miteinander lernen – Innovationen vernetzen. Beiträge der 1. CULIK Fachtagung. Paderborn, S. 134-139.

Tramm, T./Rebmann, K. (1997): Handlungsorientiertes Lernen in und an komplexen, dynamischen Modellen. Die Modellierungsperspektive als notwendige Ergänzung des handlungsorientierten Ansatzes in der Wirtschaftsdidaktik. In: Lübke, G./Riesebieter, B. (Hrsg.): Zur Theorie und Praxis des SIMBA-Einsatzes in der kaufmännischen Aus-und Weiterbildung. Markhausen: Lübke, S. 1-38.

Tramm, T./ Seeber, S. (2006): Überlegungen und Analysen zur Spezifität kaufmännischer Kompetenz. In: Minnameier, G./Wuttke, E. (Hrsg.): Berufs- und wirtschaftspädagogische Grundlagenforschung. Lehr-Lern-Prozesse und Kompetenzdiagnostik. Frankfurt a.M.: Peter Lang. S. 273-288.

Tramm, T. (2012): Auf der Suche nach „dem" Kaufmännischen. Institut für Berufsund Wirtschaftspädagogik. Universität Hamburg. Online unter: http://www.bibb.de/ dokumente/pdf/Foliensatz_WS3_Tramm_final.pdf [Stand: 31.08.2013].

van Buer, J. (2007): Outputsicherung von Schule zwischen Effektivität und Rechenschaftslegung. In: van Buer, J./Wagner, C. (Hrsg.): Qualität von Schule – Entwicklungen zwischen erweiterter Selbstständigkeit, definierten Bildungsstandards und strikter Ergebniskontrolle - Ein kritisches Handbuch. Frankfurt am Main: Peter Lang, S. 495-512.

Wagner, C./Rückmann, J./van Buer, J. (Hrsg.): Schulentwicklung gestalten. Inhalte, Ergebnisse und Instrumente aus dem Modellversuch SUE. Studien zur Wirtschaftspädagogik und Berufsbildungsforschung aus der Humboldt-Universität zu Berlin, Band 21. Berlin: Humboldt-Universität zu Berlin.

Weinert, F. E. (2001): Concept of Competence: A Conceptual Clarification. In: Rychen, D.S./ Salganik, L.H. (Hrsg.): Defining and selecting key competencies. Seattle: Hogrefe & Huber. S. 45-65.

Winther, E: (2010): Kompetenzmessung in der beruflichen Bildung. Bielefeld: Bertelsmann.

Winther, E. (2011): Kompetenzen messen – Zur Notwendigkeit methodologischer und quantitativer Standards im Rahmen beruflicher Kompetenzmessung. In: Zeitschrift für Berufs- und Wirtschaftspädagogik, 107 (1), S. 128-137.

Winther, E./Achtenhagen, F. (2008): Kompetenzstrukturmodell für die kaufmännische Bildung. Adaptierbare Forschungslinien und theoretische Ausgestaltung. In: Zeitschrift für Berufs- und Wirtschaftspädagogik, 104 (4), S. 511-538.

Winther, E./Achtenhagen, F. (2009): Skalen und Stufen kaufmännischer Kompetenz. In: Zeitschrift für Berufs- und Wirtschaftspädagogik, 105 (4), S. 521-556.

Winther, E./Achtenhagen, F. (2010): Berufsfachliche Kompetenz: Messinstrumente und empirische Befunde zur Mehrdimensionalität beruflicher Handlungskompetenz. In: Berufsbildung in Wissenschaft und Praxis, Heft 1, S. 18-21.

Witt, R. (2006). Kompetenzstufenmodelle zur Messung ökonomischer Kompetenz. In: Minnameier, G./Wuttke, E. (Hrsg.): Berufs- und wirtschaftspädagogische Grundlagenforschung. Lehr-Lern-Prozesse und Kompetenzdiagnostik. Frankfurt a. M.; Berlin; Bern; Bruxelles; New York; Oxford; Wien: Peter Lang, S. 407-419.

Zlatkin-Troitschanskaia, O. (2007): Steuerungsfähigkeit des öffentlichen Schulwesens versus Steuerbarkeit der Schule - Paradigmenwechsel? In: van Buer, J./Wagner, C. (Hrsg.): Qualität von Schule – Entwicklungen zwischen erweiterter Selbstständigkeit, definierten Bildungsstandards und strikter Ergebniskontrolle - Ein kritisches Handbuch. Frankfurt am Main: Peter Lang, S. 67-81.

Zlatkin-Troitschanskaia, O./Seidel, J. (2011): Kompetenz und ihre Erfassung - Das neue "Theorie-Empirie-Problem" der empirischen Bildungsforschung? In: Zlatkin-Troitschanskaia (Hrsg.): Stationen Empirischer Bildungsforschung. Traditionslinien und Perspektiven. Wiesbaden: VS-Verlag, S. 218-233.

# 12 Anhang

A) Aufgaben des WBT nach Inhaltsbereichen und Taxonomiestufen

| Inhaltsbereich | Kognitive Stufe nach Bloom u.a.** | | | | | Zahl der Fragen |
|---|---|---|---|---|---|---|
| | I | II | III | IV | VI | |
| **I. Grundlagen** | | | | | | 12 |
| 1. Knappheit | | 1, 3+ | | | | 2 |
| 2. Opportunitätskosten | | | 2 | | 4 | 2 |
| 3. Produktivität | | 5, 6+ | | | | 2 |
| 4. Wirtschaftssysteme | 7+ | | | | | 1 |
| 5. Institutionen und Leistungsanreize | 8, 9+, 10, 11 | | | | | 4 |
| 6. Tausch, Geld und wechselseitige Abhängigkeit | 12 | | | | | 1 |
| **II. Mikroökonomie** | | | | | | 13 |
| 7. Markt und Preis | | | 13+ | | | 1 |
| 8. Angebot und Nachfrage | | 14 | 15, 16 | | 17+ | 4 |
| 9. Wettbewerb und Marktstruktur | | | 18, 19+, 20 | | | 3 |
| 10. Einkommensverteilung | 22 | 21+ | | | | 2 |
| 11. Marktstörungen | | 23 | | | | 1 |
| 12. Rolle des Staates | | | | 24 | 25 | 2 |
| **III. Makroökonomie** | | | | | | 14 |
| 13. Bruttosozialprodukt | 26+ | 27 | | | | 2 |
| 14. Gesamtangebot | | 28 | | | | 1 |
| 15. Gesamtnachfrage | | 30 | | 29+ | | 2 |
| 16. Arbeitslosigkeit | | | | 31 | | 1 |
| 17. Inflation und Deflation | | | | 32, 33 | | 2 |
| 18. Geldpolitik | | 34+ | 35 | | 38 | 3 |
| 19. Fiskalpolitik | | 36 | | 37+, 39 | | 3 |
| **IV Internationale Beziehungen** | | | | | | 7 |
| 20. Absoluter und komparativer Kostenvorteil sowie Handelshemmnisse | | | 42 | 40, 41+ | | 3 |
| 21. Zahlungsbilanz und Devisenkurse | | | 44 | 43+ | | 2 |
| 22. Internationale Aspekte von Wachstum und Stabilität | | 45+, 46 | | | | 2 |
| **Gesamtzahl der Fragen** | 8 | 14 | 10 | 10 | 4 | 46 |

Quelle: Beck 1993, S. 17

## B) Regressionsanalyse zur Erklärung des WBT-Scores

| Schritt | Merkmal* | Nr. * | Merkmals- bereich | kumul. mult. R | $R^2$ | Sign. für delta R | Beta | Partialkorr. mit Krit. |
|---------|----------|-------|-------------------|----------------|-------|-------------------|------|------------------------|
| 1 | Intell. | 2 | pers. | .600 | .360 | .000 | .336 | .38 |
| 2 | Einst. | 3 | pers. | .667 | .445 | .000 | -.195 | -.24 |
| 3 | Klass.st. | 13 | schul. | .706 | .499 | .000 | .238 | .27 |
| 4 | Sch.ab. | 10 | schul. | .723 | .522 | .000 | .127 | .15 |
| 5 | Geschl. | 1 | pers. | .729 | .531 | .000 | .099 | .14 |
| 6 | BWL | 12 | schul. | .733 | .538 | .000 | .087 | .12 |
| 7 | Schulen | 11 | schul. | .735 | .540 | .000 | .046 | .06 |
| 8 | Alter | 6 | pers. | .736 | .541 | .000 | .036 | .04 |
| 9 | Info. V. | 5 | pers. | .736 | .542 | .001 | .026 | .03 |

Quelle: Beck 1993, S. 89

## C) Beispielaufgabe aus dem TEL und die entsprechende WBT-Version

### TEL

Aufgabe 5:

*Sandy Smith can take a job paying $ 10.000 a year when she graduates from high school, or she can go to college and pay $ 5.000 a year for tuition. Measured in dollars, what is her opportunity cost of going to college next year?*

A. $ 0
B. $ 5.000
C. $ 10.000
D. $ 15.000

### WBT-Endfassung

*Wenn Sabine Schmidt die Hauptschule verläßt, hat sie die Möglichkeit, entweder eine Friseurlehre anzutreten, in der sie 5.000 DM im Jahr Ausbildungsvergütung bekäme, oder eine private Wirtschaftsschule zu besuchen, die 10.000 DM im Jahr Schulgeld kostet. Was sind (in DM) ihre Opportunitätskosten, wenn sie nächstes Jahr auf die private Wirtschaftsschule geht?*

A. 0 DM
B. 5.000 DM
B. 10.000 DM
D. 15.000 DM

Quelle: Beck 1993, S. 137

D) Ergebnisse der Medienanalyse und empfohlene Richtgrössen zur Itemanzahl bei der Kompetenzkomponente „Ökonomisches Wissen und Können" (OEKOMA)

| | Oberkategorie | Verteilung in Prozent | | Rang | | Richtgrössen | |
|---|---|---|---|---|---|---|---|
| Code | Volkswirtschaftslehre (VWL) | Total | VWL/BWL | Total | VWL/BWL | Items | Item-stämme |
| | Unterkategorie | | | | | | |
| | 1. Grundlagen | 8.5 | 17.1 | | | 6 - 8 | 0 |
| 1 | ökon. Denken/Prinzipien der Ökonomie | 1.2 | 2.4 | 20 | 11 | 2 | |
| 2 | Produktionsfaktoren | 0.3 | 0.5 | 36 | 20 | 1 | |
| 3 | Wirtschaftssystem/-ordnung | 0.4 | 0.8 | 33 | 18 | 1 | |
| 4 | Arbeitsteilung; Tausch; Geld | 1.0 | 2.1 | 22 | 13 | 2 | |
| 5 | Wirtschaftssektoren, Institutionen | 5.6 | 11.3 | 4 | 2 | 1 | |
| 6 | Wirtschaftskreislauf | 0.0 | 0.0 | 42 | 21 | 1 | |
| | 2. Mikroökonomie | 5.0 | 10.1 | | | 10 - 11 | 3 |
| 7 | Angebot und Nachfrage | 2.8 | 5.7 | 11 | 5 | 6 | |
| 8 | Wettbewerb/Marktformen | 1.7 | 3.5 | 15 | 8 | 3 | |
| 9 | Rolle des Staates | 0.4 | 0.9 | 30 | 17 | 2 | |
| | 3. Makroökonomie | 32.6 | 66.0 | | | 15 - 16 | 5 |
| 10 | Volkswirtschaftliche Gesamtrechnung | 1.5 | 3.0 | 18 | 10 | 1 | |
| 11 | Konjunktur | 2.6 | 5.2 | 12 | 6 | 2 | |
| 12 | Inflation/Deflation/Stagflation | 0.6 | 1.2 | 26 | 16 | 1 | |
| 13 | Arbeitsmarkt | 3.8 | 7.8 | 9 | 4 | 2 | |
| 14 | Wirtschaftsentwicklung | 1.5 | 3.1 | 17 | 9 | 1 | |
| 15 | Öffentliche Finanzen | 3.9 | 7.9 | 8 | 3 | 2 | |
| 16 | Wirtschaftspolitik | 2.1 | 4.2 | 13 | 7 | 1 | |
| 17 | Finanzmarkt | 16.6 | 33.6 | 2 | 1 | 6 | |
| | 4. Internation. Wirtschaftsbeziehungen | 3.4 | 6.8 | | | 6 - 7 | 2 |
| 18 | Weltwirtschaft | 0.9 | 1.8 | 24 | 15 | 2 | |
| 19 | Aussenwirtschaft | 1.2 | 2.4 | 20 | 11 | 2 | |
| 20 | Wechselkursregime/Währungspolitik | 1.0 | 2.1 | 22 | 13 | 2 | |
| 21 | Internationale Organisationen | 0.3 | 0.6 | 35 | 19 | 1 | |
| | VWL Total | 49.4 | 100.0 | | | | |
| | Betriebswirtschaftslehre (BWL) | | | | | | |
| | 1. Grundlagen: Unternehmung & Umwelt | 18.2 | 36.0 | | | 12 - 14 | 0 |
| 22 | Unternehmung | 6.2 | 12.2 | 3 | 2 | 5 | |
| 23 | Unternehmenstypologie | 5.5 | 10.9 | 5 | 3 | 3 | |
| 24 | Unternehmungsziele | 0.4 | 0.8 | 32 | 15 | 1 | |
| 25 | Ökonomische Umwelt | 5.4 | 10.6 | 6 | 4 | 3 | |
| 26 | Technologische Umwelt | 0.0 | 0.1 | 41 | 21 | | |
| 27 | Ökologische Umwelt | 0.1 | 0.2 | 39 | 19 | 1 | |
| 28 | Soziale Umwelt | 0.5 | 1.1 | 28 | 12 | | |
| | 2. Strategische Unternehmensführung | 3.1 | 6.2 | | | 3 - 5 | 2 |
| 29 | Branchenwahl, Wettbewerbsvorteile | 1.6 | 3.1 | 16 | 8 | 2 | |
| 30 | strat. Allianz, Konzern, Holding | 1.4 | 2.8 | 19 | 9 | 2 | |
| 31 | Standort | 0.2 | 0.4 | 37 | 17 | 1 | |
| | 3. Bereiche der Unternehmung | 11.4 | 22.6 | | | 11 - 13 | 4 |
| 32 | Organisation | 4.0 | 8.0 | 7 | 5 | 4 | |
| 33 | Führung und Unternehmenskultur | 0.5 | 1.1 | 27 | 11 | 1 | |
| 34 | Marketing I: Marktforschung | 0.1 | 0.1 | 40 | 20 | | |
| 35 | Marketing II: Marktsegmentierung | 0.5 | 1.0 | 29 | 13 | 3 | |
| 36 | Marketing III: Marketing-Mix | 1.8 | 3.6 | 14 | 7 | | |
| 37 | Marketing IV: Kundenprozesse | 0.4 | 0.9 | 30 | 14 | | |
| 38 | Personal | 3.2 | 6.3 | 10 | 6 | 3 | |
| 39 | Produktion | 0.8 | 1.6 | 25 | 10 | 1 | |
| | 4. Corporate Finance | 17.8 | 35.2 | | | 12 - 14 | 4 |
| 40 | Finanzierung; RW; Performance | 17.4 | 34.3 | 1 | 1 | 12 - 14 | |
| 41 | Investitionsrechnung | 0.4 | 0.7 | 34 | 16 | 0 | |
| 42 | Unternehmensbewertung | 0.1 | 0.2 | 38 | 18 | 0 | |
| | BWL Total | 50.6 | 100.0 | | | | |

Quelle: Schumann et al. 2010, S. 6.

E) Wright Map des dreidimensionalen Modells der Kompetenzkomponente „Ökonomiches Wissen und Können" (OEKOMA)

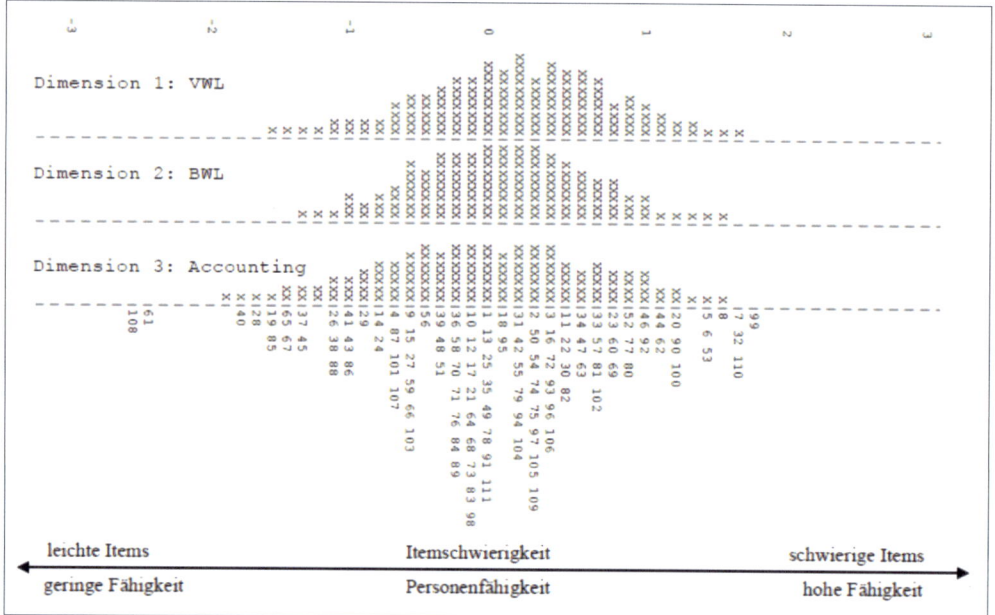

Quelle: Schumann et al. 2010, S. 6.

F) Übersicht über die berufsübergreifenden Aufgaben in den kaufmännischen Fachtests (ULME)

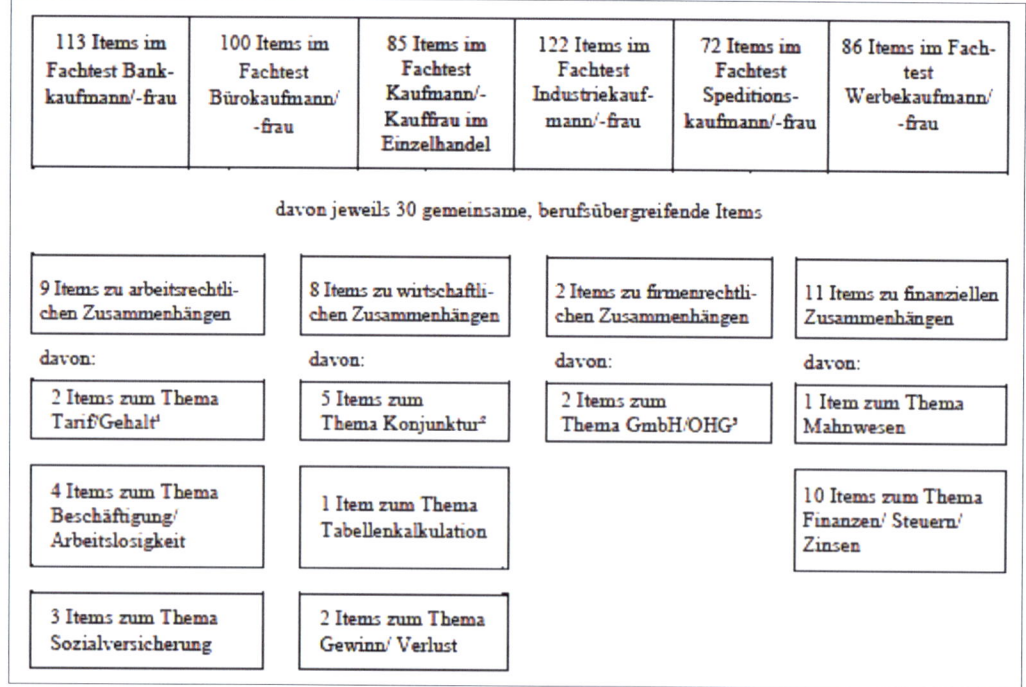

Quelle: Lehmann/Hunger 2013, S. 39.

G) Verteilung der Schülerleistungen im beruflichen Fachtest für den Ausbildungsberuf „Kaufmann/Kauffrau im Einzelhandel" im Vergleich mit den Schwierigkeiten der Testaufgaben (ULME)

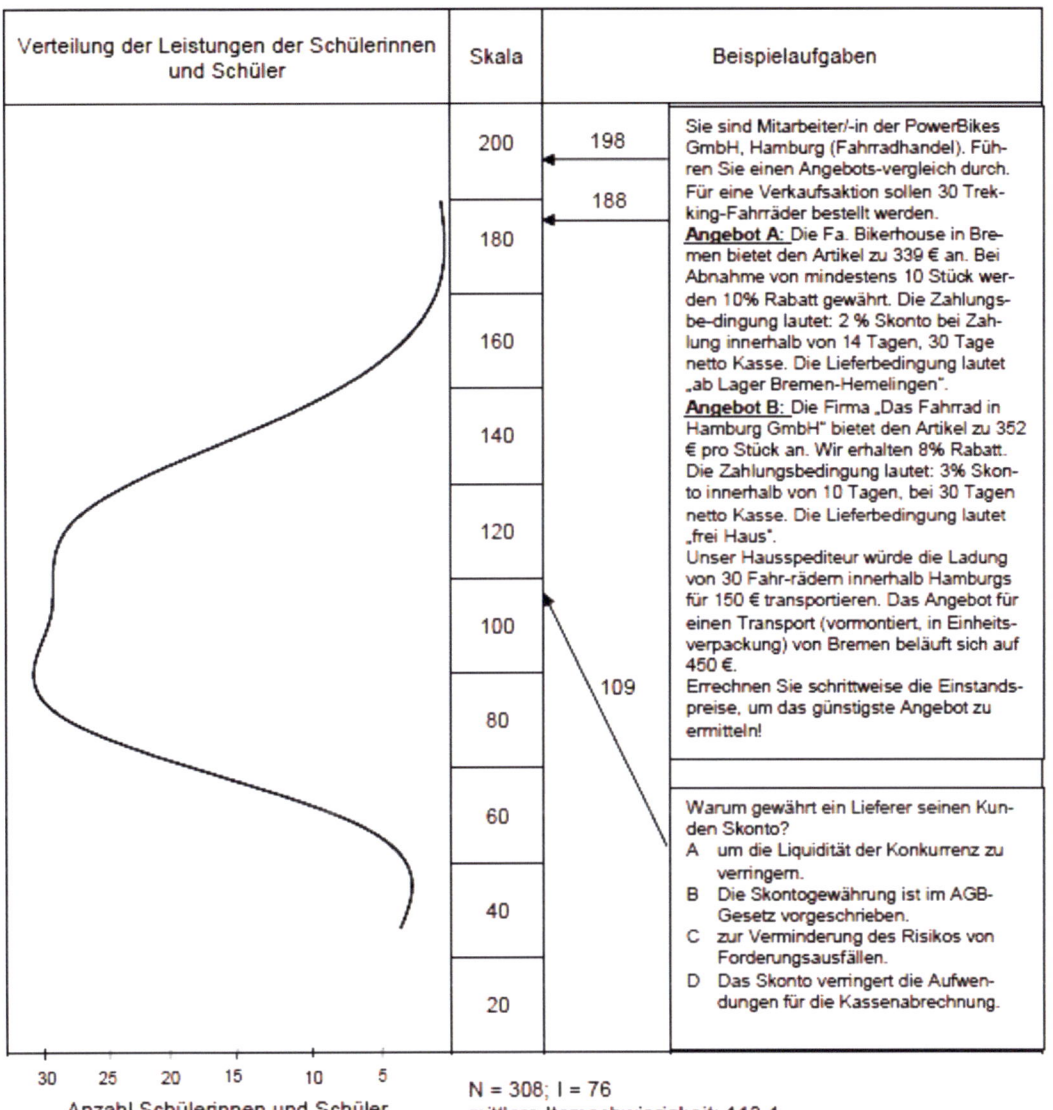

Quelle: Seeber 2013, S. 188

H) Modellparameter der der Dimensionsanalysen des beruflichen Fachtests für den
   Ausbildungsberuf „Bürokaufmann/-frau"

|  | Ein-Faktoren-Modell | Zwei-Faktoren-Modell |
|---|---|---|
| final deviance/ | 26.681.926 | 26.643.850 |
| geschätzte Parameterzahl | 96 | 98 |
| Differenz | 38.08 bei 2 df | |

Quelle: Seeber 2013, S. 157

I) Kommunalitätenanalyse für die Determinanten der Leistungen in den Subdimensionen des Tests für den Ausbildungsberuf „Bürokaufmann/-frau"

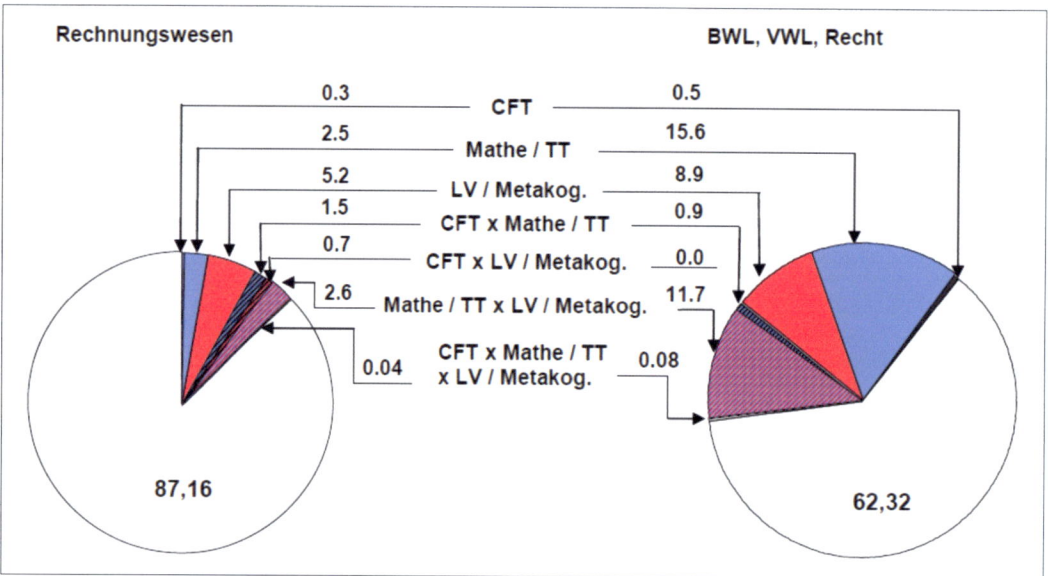

Quelle: Seeber 2013, S. 175

## J) Stichprobe der KKAD-Studie

| Geschlecht | weiblich: | 56,5 % |
|---|---|---|
| | männlich: | 43,5 % |
| Alter | Streuung: | 18 bis 34 Jahre |
| | Häufung: | 20 bis 23 Jahre (Anteil = 83,4 %) |
| Höchster Schulabschluss | allgemeine Hochschulreife: | 43,1 % |
| | Fachhochschulreife: | 40,5 % |
| | Sekundarabschluss I: | 10,7 % |
| | qualifizierter Hauptschulabschluss: | 0,8 % |
| Betriebsgröße | bis 50 Beschäftigte: | 6,1 % |
| | 51 bis 500 Beschäftigte: | 38,2 % |
| | 501 bis 2500 Beschäftigte: | 27,1 % |
| | mehr als 2500 Beschäftigte: | 24,8 % |
| Branche (Auswahl) | Metallverarbeitung: | 19,9 % |
| | Holzverarbeitung: | 10,1 % |
| | Chemie: | 10,8 % |

Quelle: Achtenhagen/Winther 2009, S. 46

K) Wright Map der Skalen berufsfachlicher Kompetenz (KKAD)

```
Dimension      I                    II        Kalibrierung der Items

                           |         |55
                           |         |
                           |         |29
                        X |         |
                           |         |
                           |         |
                           |         |31  32
            3              |         |30
                           |         |
                           |         |
                        X |         |28
                        X |         |
                           |         |
                        X |         |
                        X |         |
                      XXX|         |54
            2          XX|         |
                      XXX|         |56
                      XXX|         |43  57
                      XXX|         |11  46
                    XXXXX|         |15
                    XXXXXX|        |
                    XXXXXX|        |8  59
                  XXXXXXX|        X|38
            1        XXXXX|        X|53
                  XXXXXXXX|        |
                  XXXXXXX|        X|12  22  33  49
                  XXXXXXX|        X|18  45  47  60
                XXXXXXXXX|   XXX|
                XXXXXXXXX|   XXX|10  14  24
                  XXXXXXX|  XXXX|16
                    XXXXX|  XXXXXX|6  26
            XXXXXXX|XXXXXXXXX|37  40  44
            0  XXXXXXXXXXXXXXX|23  27
                  XXXX|  XXXXXXXX|25
                  XXX|XXXXXXXXX|39
                XXXX|XXXXXXXXX|46  48
                XXXXXXXXXXXX|5  58
                  XXX|  XXXXXXXX|20  34
                  X|  XXXXXXXX|42
                XXXXXXXXXX|7
            1      X|  XXXXXXXX|21
                       |  XXXX|51  52
                       |  XXXXX|13  41
                       |  XXXX|17
                       |   XX|9  19  35  50
                       |   XX|
                    X|   XX|4
                       |   X|
                       |   XX|
            2          |   X|
                       |   X|
                       |   |
                       |   |
                       |   X|3
                       |   |
                       |   |
            3          |   |1  2
```

Dimension I:
Handlungsbasierte Kompetenz

Dimension II:
Verstehensbasierte Kompetenz

Each 'X' represents 2.0 cases

Quelle: Achtenhagen/Winther 2009, S. 35

L) Testumgebung der KKAD Studie

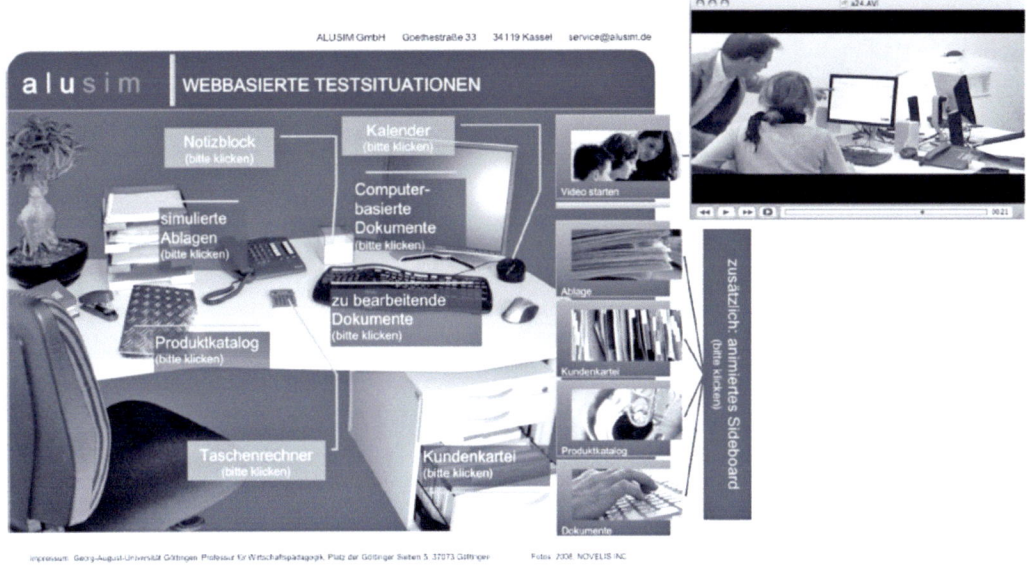

Quelle: Winther/Achtenhagen 2010, S. 19.

M) Beispielaufgabe der KKAD-Studie

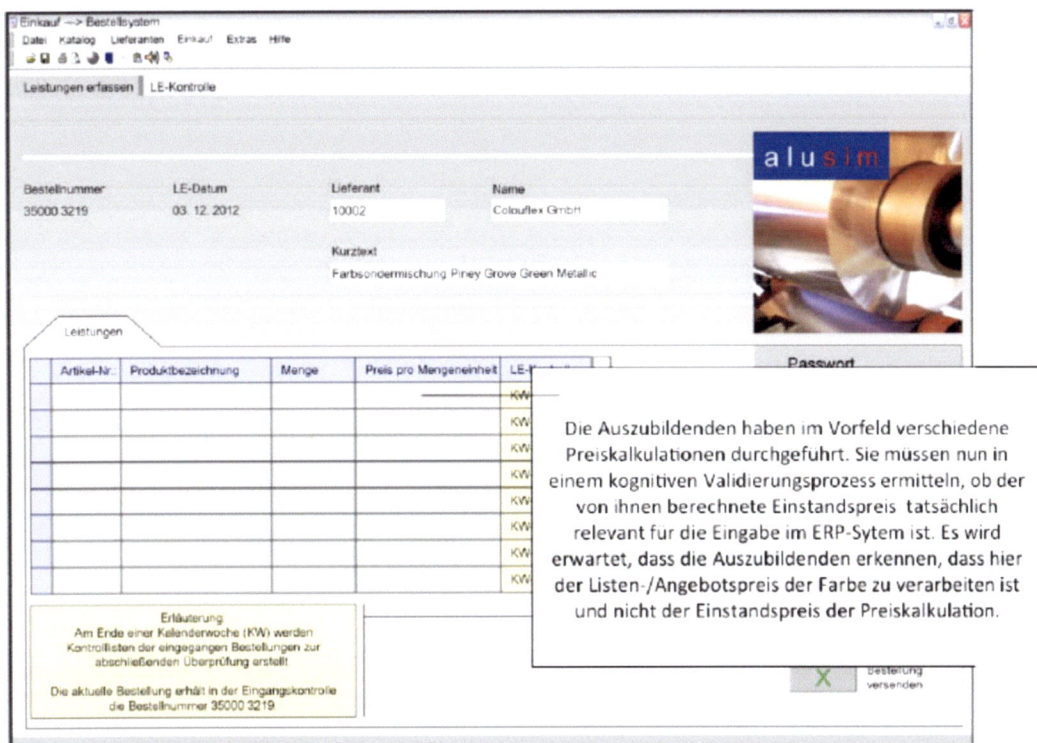

Quelle: Winther/Achtenhagen 2010, S. 42